Klaus Hagmann

Blitz-Liköre

morgens zubereiten · abends genießen

3., aktualisierte Auflage

104 Farbfotos

Ulmer

Das steckt im Buch

Vorwort 4

Liköre – ein weiter Begriff 6
Definitionen und Fachbegriffe 9
Likörbereitung im Kleinen 12
Likörbereitung für Selbstvermarkter 15

Likör – was ist alles drin? 19
Zucker 19
Alkohol 22
Früchte und ihre Inhaltsstoffe 31
Wasser 35
Kräuter, Gewürze, Samen 36
Geschmacksabrundung 38
Wie lange hält Likör? 39

Wissenswertes für Selbstvermarkter 41
Was muss auf das Etikett? 41
Alkoholbestimmung 41
Sensorische Beurteilung 43

Service 119
Zum Weiterlesen 119
Bezugsquellen 119
Register 122

Rezepte

Kernobstliköre 51

Apfellikör 52
Birnenlikör 54
Birnen-/Apfellikör aus Streuobst 56
Likör aus Schweizer Wasserbirnen 58
Apfellikör vom Typ Gewürzapfel 59
Quittenlikör 60

Beeren- und Wildfruchtliköre 62

Beeren- oder Wildfruchtlikör 64

Steinobstliköre 68

Kirschlikör 68
Liköre aus Pflaume, Zwetsche, Mirabelle, Aprikose und Pfirsich 70

Liköre aus anderen Früchten 74

Likör aus Hagebutte/Rose 74
Holunderlikör 76
Mispellikör 78
Traubenlikör 80

Liköre aus Südfrüchten 82

Ananaslikör 82
Bananenlikör 83
Orangenlikör 84
Zitronen- oder Limettenlikör 85

Liköre aus Wurzeln, Knollen und Nüssen 86

Ingwer-Apfel-Likör 87
Karottenlikör 88
Topinamburlikör 89
Walnusslikör 90
Grüner-Walnuss-Likör 92

Kräuter- und Blütenliköre 94

Kräuterlikör 95
Blutwurzellikör 97
Estragonlikör 98
Löwenzahnlikör 99

Schokolade und Kaffee 100

Kakaolikör 100
Kaffeelikör 101

Eierlikör 103

Honiglikör 105

Bärenfang 105

Likörklassiker 106

Walderdbeer-Rataffia 106
Aprikosen-Pflaumen-Rataffia 109
Quitten-Rataffia 110
Mandarinenlikör 111
Klassiker mit Frucht-Angärung 112
Heidelbeer-Himbeer-Rataffia 113
Kirsch-Johannisbeer-Rataffia 114

Tipps für Profis 116

Likörstabilisierung 116
Presshilfen 116

Liköre dieser Welt 117

Vorwort

Wäre mir vor 10 Jahren ein Likör angeboten worden – ich hätte dankend abgelehnt. Meine ersten Vorträge und Seminare über Likörbereitung dienten einfach nur dazu, den Zuhörern mitzuteilen, wie sie überschüssiges alkoholisches Material so mit Fruchtsaftkonzentrat und Aromen versetzen können, dass ein durchaus akzeptables Produkt entsteht. Pflaumenlikör auf der Basis von Fruchtsaftkonzentrataroma mit eigenem Zwetschenwasser versetzt und gesüßt ist ja auch nicht unbedingt etwas Schlechtes. Im Laufe der Jahre ist die Lust an diesen standardisierten Produkten verloren gegangen, das Interesse an der Verarbeitung eigener Früchte gestiegen. Bei mir nicht zuletzt deshalb, weil viele meiner Wildsträucher, von der Schlehe über die Kornelkirsche bis hin zur Apfelbeere langsam kleine Erträge abwarfen, die aber zur Herstellung von Maischen für die Destillation zu gering waren. Hier ist die Likörbereitung eine sehr ergiebige Angelegenheit. Man kann aus 2 Kilo Schlehen keinen Brand und

keinen Geist herstellen, dafür aber einen hochwertigen Schlehenlikör. Mit dem Wachsen meiner Sträucher und Bäume wuchs bei vielen Selbstvermarktern das Interesse an Likören, bedingt durch große Konsumentennachfrage und steigende Qualität der Produkte. Der Weg führte weg vom übersüßten Likör fürs Damenkränzchen hin zu fruchtig-frischen, oft auch säurebetonten, mitunter gerbstoffgeprägten Fruchtspirituosen. Damit war das Interesse an Versuchen und Rezepten da, die alleinige durch Frucht- oder Drogenauszüge (keine Angst, unter Drogen sind in folgenden nur getrocknete Kräuter gemeint) aromatisiert sind da. In diesem Buch sind meine Versuche aufgelistet und sollen bei der Arbeit helfen. Es sind oftmals nur Grundrezepturen, die nach Belieben und eigenem Geschmack verändert werden können. Die hier vorgestellte Basis bietet die Grundlage dazu. Likörrezepte sind nie fertig und fast immer durch gute Ideen verbesserungsfähig. Neue Anregungen und Tipps sind abgedruckt, können aber auch gerne von Leserinnen und Lesern durch eigene Erfahrungen verbessert und gerne auch an mich zur Vervollständigung der Rezeptsammlungen weitergegeben werden.

Besonderen Dank an dieser Stelle meinen Kindern Dana, Juliane, Elena und Bernhard für das Sammeln der Früchte sowie meiner Frau Gabriele für das Verkosten und Beurteilen der Versuchsrezepturen.

Vorwort zur 3. Auflage

Seit Erscheinen der ersten Auflage haben sich alle Rezepturen auch bei vielen Anwendern in der Praxis bewährt. Ein leider nur schwierig zu lösendes Problem ist die Haltbarkeit der Produkte. Es liegt eben in der Natur der Sache, dass Aromen und Farben der Früchte nicht über Monate und Jahre stabil gehalten werden können – dafür bieten sie einen einmaligen Genuss!

Dr. Klaus Hagmann, Göppingen

Liköre – ein weiter Begriff

Die Herstellung von Likören geht auf die Mediziner und Alchemisten des Mittelalters zurück. Sie versuchten ihre zum Teil übel schmeckenden Kräuteransätze zu süßen und dadurch trinkbar zu machen. So entstanden die Vorläufer des Hustensaftes und des Kräuterlikörs. Daher sind die überlieferten Rezepturen für Kräuteransätze vielfältig. In der Fachsprache nennt man die verwendeten Pflanzenstoffe Drogen, im Unterschied zur landläufigen Bedeutung dieses Begriffes. In jedem alten Likörbuch sind deshalb viele Kräuter und Wurzeln beschrieben, die in unterschiedlichsten Varianten eingesetzt wurden.

Doch findet man in alter Literatur auch Rezepturen für Fruchtliköre. So beschreibt A.L. Moewes in seinem „vollständigen Handbuch der Likörfabrikation“ aus dem Jahre 1857 ausführlich die Herstellung von Kirschsaft zur Likörbereitung und schildert bereits Qualitätsprobleme durch starken Bittermandelton durch Zermahlen der Steine, die heute noch genau so auftreten.

Ein Klassiker der Likörbereitung ist Wüstenfeld, er stellte schon in den 1930er-Jahren eine Einteilung der Liköre auf, die fast unverändert bis heute angewendet wird und auch den Kapiteln dieses Buches zu Grunde liegt.

Es gibt weiterhin Zubereitungen, die aus „medizinischen“ Anwendungen entstanden sind. Aber natürlich prägt vor allem der Zeitgeist den Likörgeschmack. Klima und Kultur sowie die Verfügbarkeit der einzelnen Grundstoffe haben großen Einfluss. So entstanden Bitterliköre – hauptsächlich **Magenbitter** – unter denen der „Stonsdorfer“ mit charakteristischen Zutaten in Form von Heidelbeersaft und angesetzten Heidelbeeren bis zum heutigen Tag von Bedeutung ist.

Eine wichtige Gruppe stellen die **Kräuterliköre** dar, bei denen hauptsächlich Mönche und Klöster die Rezepturen entwickelt haben. Diese wertvollen Originalrezepturen wurden oft über Jahrhunderte geheim gehalten und überliefert. Beispiele hierfür sind „Benediktiner“ und „Chartreuse“, die beide durch ein harmonisches Zusammenwirken aller Inhaltsstoffe weltweiten Bekanntheitsgrad erreicht haben. So besteht ein „Chartreuse“ (Kartäuserlikör) aus Alkohol, Zucker und 130 verschiedenen Kräuterauszügen und Gewürzen und erhält seine Harmonie durch Reifung in

CARL

großen Eichenholzfässern. Darin liegt die Kunst, einen Kräuterlikör herzustellen: Wie erreiche ich Harmonie und Ausgewogenheit, ohne dass eine Zutat in den Vordergrund rückt? Bei der Rezeptur eines Kräuterlikörs in diesem Buch (siehe Seite 95) werde ich näher darauf eingehen.

In vielen Büchern findet man noch die Bezeichnung **Fruchtlikör** als synonym zum sogenannten „Damenlikör". Darunter versteht man Rezepturen sehr süßer Liköre mit niedrigem Alkoholgehalt. Zuckergehalte von bis zu 35 % sind dort beschrieben, dies wäre heutzutage höchstens noch bei Zitronenlikören vorstellbar. Im Gegensatz zu vielen anderen Rezepturen stellte man schon früh fest, dass bei Fruchtlikören eine Lagerung und Reifung im Holzfass nicht möglich ist, da die Qualität durch eine derartige Lagerung stark beeinträchtigt wird.

Enthalten die Rezepturen Ingwer, Pfefferminz oder Vanille, so bezeichnet man sie als **Gewürzliköre**, sie zeichnen sich durch ein starkes Aroma aus und sind leicht wieder zu erkennen. Diese Liköre werden meist mit Alkohol angesetzt und anschließend destilliert, daher sind sie sehr fein und reintönig. Gerade durch die Destillation sind die charakteristischen Aromastoffe besonders elegant ausgeprägt und bei ansonsten sehr scharfen Ansätzen wie beispielsweise beim Ingwer findet man hier im gebrannten Ansatz alle Aromen in feiner und abgemilderter Form wieder. Ähnliches gilt auch für Anis und Kümmel.

In vielen Rezepturen ist Wein in verschiedenen Formen zur Verfeinerung enthalten. **Weinpunsche** oder **Weinbrandliköre** sind hier typische Vertreter, sie können mit Malagawein und Pflaumenextrakt sowie mit verschiedenen sogenannten „Verfeinerungsstoffen" wie Rosenöl oder Safran abgerundet werden. Der „Cordial Médoc", einer der edelsten Liköre dieser Gruppe, besticht durch feinsämige Konsistenz und typisch weinig-blumige Aromakomponenten.

Kakao-, Tee- oder Kaffeeliköre enthalten in sehr geringen Mengen Koffein, sogenannte anregende Alkaloide. Beim Kaffeelikör sind Qualität und Vermahlungsgrad des Ausgangsproduktes sehr wichtig. Ist der Kaffee besonders hochwertig und wird er gleichzeitig höher dosiert, spricht man von einem **Moccalikör**.

Der Kreis unterschiedlicher Likörgruppen schließt sich mit **Honig- und Nusslikören sowie Eierlikör** und **Sahnelikör**. Diese Liköre, die man in der Fachsprache **Emulsionsliköre** nennt, sind besonders schwer herzustellen und stellen größte Herausforderungen an den Produzenten. Um eine stabile alkoholhaltige Emulsion zu erhalten, muss man das Produkt häufig homogenisieren oder Emulgatoren zusetzen. Trotzdem sind diese Produkte nur über kurze Zeit stabil.

Da alle Likörsorten in vielen unterschiedlichen Geschmacksvarianten auf dem Markt sind, gibt es fast auf der ganzen Welt regional völlig unterschiedliche Produkte. Bekannte Vertreter sind der „Limoncello“ oder „Ramazotti“ in Italien, der „Nocino“ oder „Grüne Walnusslikör“ in der Schweiz und in Südtirol, der „Kirschlikör“ in Deutschland oder der „Amarula“-Likör aus den Früchten des Elefantenbaumes in Südafrika – überall können Sie einzigartige Liköre genießen.

Doch zurück zur Geschichte. Im 18. und 19. Jahrhundert erlebte die Likörbereitung einen rasanten Aufschwung. Die alten Rezepturen wurden in gedruckter Form weitergegeben und neue Entdeckungen veröffentlicht. Die beliebtesten Produkte dieser Zeit waren **Aquavite**. Typische Beispiele hierfür sind „Orangenaquavit“ oder „Kaffeeaquavit“.

Im Laufe der Zeit wurde es möglich, aus den Früchten, Kräutern und Wurzeln **Konzentrate** und **Aromen** herzustellen, dadurch wurde die Likörbereitung standardisiert und wesentlich vereinfacht. Viele der großen Likörproduzenten verwenden heutzutage ausschließlich solche Produkte, da sie einerseits ganzjährig zur Verfügung stehen und andererseits durch die vorangegangene Aufarbeitung fast frei sind von Stoffen, die Trübungen verursachen können.

Erst seit wenigen Jahren sind die echten, handgemachten Liköre aus ihrem Schattendasein herausgetreten, sie werden nicht mehr nur im Haushaltsmaßstab erzeugt. Parallel zur Herstellung hochwertiger Destillate ist die Bedeutung der natürlichen Fruchtkomponenten, eingebettet in feinen Zucker und hochwertigen Alkohol langsam, aber stetig angewachsen. Besonders hochwertige und zuckerreiche Liköre werden auch heute noch traditionell als „Crèmes“ bezeichnet. Ein Bespiel hierfür ist **Crème de Cassis**, ein hauptsächlich in Frankreich in der Gegend von Dijon produzierter Johannisbeerlikör. Gießt man Crème de Cassis mit Champagner auf, so erhält man einen„Kir Royal“, ein wahrhaft königliches Getränk. Sein Geschmack weicht deutlich von der in diesem Buch geschilderten Rezeptur des Johannisbeerlikörs ab, da durch die starke Zuckerung der „Crèmes“ der ursprüngliche Charakter der Ausgangsfrucht und dadurch das natürliche Zucker-Säure-Verhältnis aus dem Gleichgewicht gebracht wird.

Definitionen und Fachbegriffe

Bei der Likörherstellung bezeichnet man die verwendeten Pflanzenteile, also die Früchte, Schalen, Kräuter und Wurzeln, als **Drogen**, im Unterschied zur landläufigen Bedeutung dieses Begriffes – also keine Angst, wenn sie im Folgenden häufiger mit Drogen in Kontakt kommen!

Beim Studium von Likörrezepturen trifft man häufig auf die Bezeichnung **Rataffia**, darunter versteht man Produkte, in denen das Fruchtfleisch und die Schalenbestandteile, teilweise auch mit Kernen, im Alkohol angesetzt werden.

Über viele Jahrhunderte sind einige Begriffe und Fachausdrücke bis heute speziell bei der Likörherstellung erhalten geblieben und weiterhin gebräuchlich. So versteht man unter der **Mazeration** die wohl älteste Form der Fest-Flüssig-Extraktion. Schon das Ansetzen von Kräutern in einer alkoholischen Lösung stellt einen einfachen Mazerationsvorgang dar, bei dem die Inhaltsstoffe der „Drogen" in die Flüssigkeit übergehen. Nach dem Abfiltrieren der Feststoffe erhält man das „Mazerat" oder den „Extrakt".

Erhöht man bei diesem Vorgang des Ansatzes die Temperatur von Normaltemperatur (10–20 °C) auf Werte zwischen 40 und 60 °C, so spricht man von einer **Digestion**, durch die Temperaturerhöhung wird die Auslaugung beschleunigt. Bei alkoholischen Lösungen ist dieses Verfahren jedoch aufgrund der beträchtlichen Alkoholverluste relativ unbedeutend. Wenn die „Drogeninhaltsstoffe" nicht in eine Lösung eingebracht werden, sondern eine Lösung durch die Feststoffe fließt, spricht man von einer **Perkolation**. Dazu verwendet man Perkolationsgefäße, sie sehen aus wie große Trichter mit einem Hahn am Auslauf. In regelmäßigen Zeitabständen wird Flüssigkeit abgelassen und oben wieder eingefüllt. **Dieser Vorgang wird so lange wiederholt**, bis der gewünschte Auslaugungsgrad erreicht ist.

Der klassische Likörbereiter arbeitet häufig neben Mazerations- und Perkolationsgefäßen noch mit kleinen **Destilliergeräten**, um alkoholische Kräuter- oder Fruchtauszüge herzustellen, die bei vielen Rezepturen für den angenehmen Geruch der Liköre sorgen. Beim Destillieren werden der Alkohol und die Aromen konzentriert und das Wasser abgeschieden. So kann ein Quittenlikör durch Quittenbrand oder ein Johannisbeerlikör durch Johannisbeergeist verfeinert werden – dies wird später in diesem Buch genauer beschrieben.

Bei einem „**Brand**" stammt der gesamte Alkohol aus der Vergärung der fruchteigenen Zucker. Im Gegensatz dazu werden beim „**Geist**" die reifen, unvergorenen Früchte mit neutralem, aromafreiem Alkohol angesetzt und

Rechts: Kleine Destillieranlage zur Gewinnung von Kräuterauszügen (Morand/Schweiz).

abdestilliert. Der vorher neutrale Alkohol nimmt dabei die Aromen der Früchte auf und transportiert diese über den Vorgang der Destillation in das Destillat (hier: „Geist"). Mit den kleinen Probedestilliergeräten (siehe Seite 42) kann man neben der Alkoholbestimmung auch kleine Versuche mit Kräuterdestillationen und der Konzentration von Geisten, sogenannte Entgeistungen, durchführen. Bis zu einem Volumen von 0,5 Litern sind solche Destillieranlagen nicht meldepflichtig, d.h. sie unterliegen nicht der Branntweinsteuer.

Wie man sieht, sind den Investitionen bei der Likörbereitung keine Grenzen gesetzt und schon häufig hat sich aus dem Nachkochen einer einfachen, alten, überlieferten Rezeptur im Lauf der Jahre eine Likörmanufaktur mit Brennerei entwickelt.

Likörbereitung im Kleinen

Um in kleinen Mengen Liköre herzustellen oder Versuche zur Eignung von Früchten zur Likörbereitung durchzuführen, eignet sich praktisch jede Küche mit entsprechender Ausstattung.

Um genaue Mengen abzuwiegen, benötigen Sie eine entsprechende **Haushaltswaage** mit digitaler Anzeige, maximalen Wiegemengen von bis zu 5 kg und einer auf Zehntel genauen Anzeige. Diese Geräte erhalten Sie für wenig Geld in Kaufhäusern oder Haushaltswarengeschäften.

Zusätzlich brauchen Sie ein Sortiment verschiedener **Messbecher mit Skaleneinteilung**. Die Skalierung ist praktisch, damit können Sie sofort entsprechende Mengen und Verschnitte ablesen und vorbereiten.

Neben einem **Edelstahltopf** und einer **Herdplatte** zum Erwärmen und zum Entfernen des Pektins der Früchte brauchen Sie zum Zerkleinern einen **Zauberstab** – notfalls kann man dafür auch den Mixer der Küchenmaschine verwenden. Der Zauberstab muss ein ringsum freiliegendes Messer haben. Pürierstäbe mit weit nach unten reichenden Schutzblechen eigenen sich dafür nicht, da vor allem bei festeren Früchten oder Wurzeln und Knollen der zerkleinerte Brei nicht ausgetragen wird.

Zum Abpressen hat sich ein **Nylon-Handpressbeutel** bewährt. Dieses robuste und zuverlässige Gerät ist immer wieder verwendbar und leistet treue Dienste über viele Jahre hinweg. Durch den Beutel erfolgt der natürliche Saftablauf und das leichte Abpressen von aufgeschlossenen Früchten, er eignet sich aber ebenso für die Grobfiltration von Knollen oder Kräuterextrakten.

Für die Feinfiltration des Saftes oder des fertigen Likörs sind grobe **Faltenfilter** in Verbindung mit einem Poly-Fix

Eine kleine Haushaltswaage und Gefäße erleichtern die Arbeit.

Zur Zerkleinerung von Früchten eignet sich bis zu einer Menge von 2-3 kg der Zauberstab mit einem entsprechenden Messereinsatz hervorragend.

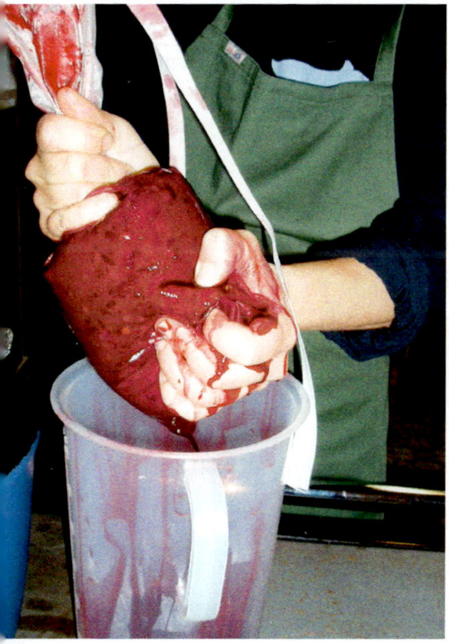

Faltenfiltereinsätze gibt es mit verschiedenen Feinheitsgraden. Für Liköre brauchen Sie „weich“ oder „grob“.

Links: Das wichtigste Hilfsmittel für die Likörbereitung – ein Nylon-Handpressbeutel.

Filter ideal. Dieser Kunststofffilter hat ein Fassungsvermögen von nahezu 5 Litern. Die dazu passenden Filtereinsätze sind in 3 verschiedenen Stärken (fein-mittel-grob) erhältlich, wobei man bei der Likörherstellung ausschließlich grobe Einsätze benötigt.

Die Endprodukte oder Ansätze lagert man in **Glasballons** im Kunststoffkorb. Für Ansätze sind die Weithalsglasballons besser geeignet, da sie sich leichter reinigen lassen. Diese Gefäße gibt es ab 5 Liter Füllmenge. Solche Glasballons müssen immer gut verschlossen sein. Hierzu dürfen nur Silikonstopfen eingesetzt werden. Korkverschlüsse sind nicht geeignet, da hier eine Wechselwirkung oder Auslaugung von Inhaltsstoffen möglich ist. Dasselbe gilt auch für eine spätere Flaschenbefüllung – entweder Sie verwenden einen Schraubverschluss oder einen Kunststoff-Holzgriffkork.

Zum Schluss noch einige Worte zum **Dampfentsaften**, dies eignet sich speziell für Holunder. Dabei füllt man ein Fruchtsieb mit Obst – Beeren werden vorher entstielt oder entrappt – und setzt es auf den Saftbehälter, der wiederum auf dem Wasserbehälter sitzt. Beim Erhitzen des Dampfentsafters dringt der Wasserdampf in die Früchte ein und bringt sie zum Platzen – der Saft läuft in den Saftbehälter ab und wird entnommen. Am Ende der Entsaftung fallen die Früchte in sich zusammen und sind entfärbt. Alle Inhaltsstoffe sind in den Saft übergegangen. Die benötigte Zuckermenge kann schon mit den Früchten zugegeben und mitverarbeitet werden.

Glasballons im Holzgestell gibt es in Größen von 5 bis über 50 Liter. Sie eignen sich zur Lagerung von Rohware und Fertiglikör (Mostkeller, Kloster Beuron).

Likörbereitung für Selbstvermarkter

Wollen Sie größere Likörmengen herstellen, so lohnt sich ab ungefähr 20 kg Früchten die Anschaffung und Nutzung von Arbeitserleichterungen.

Eine **Beerenmühle** mit Quetschwalzen erleichtert die Arbeit. Der Abstand der Walzen wird so gewählt, dass die Früchte lediglich angequetscht in den Aufschlussbehälter gelangen.

Für die **Zerkleinerung von Kernobst** eignen sich grobe „Muser“, Kernobstschneidgeräte oder Obstmühlen.

Bei Johannisbeeren, Holunder, Vogelbeeren und Trauben müssen zuerst Rappen und Stiele entfernt werden. Dafür gibt es spezielle **Maschinen zum Traubenabbeeren**, die durch entsprechende Lochbleche auf den jeweiligen Fruchtrohstoff eingestellt werden. Da diese Geräte auch über Quetschwalzen verfügen, ist die perfekte Vorbereitung zur Likörbereitung gewährleistet.

Zum Erwärmen beim Aufschluss der Früchte nutzt man **Herdplatten** aus der Großküche oder preiswerte Gas-Hockerkocher. In großen **Töpfen** aus Edelstahl kann darauf problemlos die gewünschte Temperatur erreicht und gehalten werden. Beim Erwärmen sollten Sie allerdings immer vorsichtig arbeiten – sobald etwas am Topfboden anbrennt, müssen Sie alles wegschütten. Der

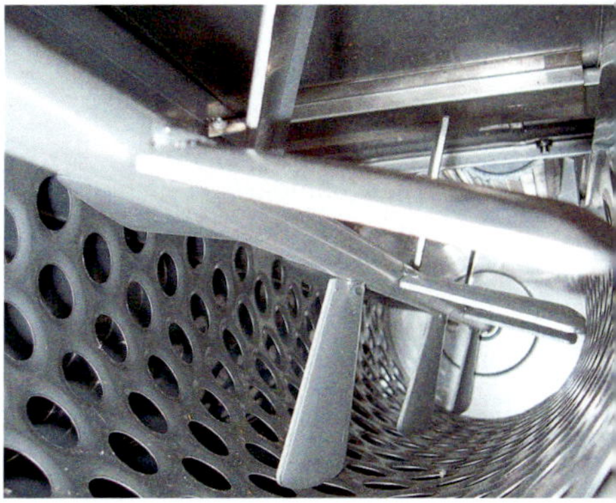

Mit einer Traubenabbeer-Maschine können auch Holunderbeeren, Vogelbeeren und schwarze Johannisbeeren gequetscht und entrebelt werden. Ein entsprechendes Lochblech ist notwendig.

Die Früchte können in großen Edelstahltöpfen auf Elektrokochern erwärmt werden.

brenzlige Geruch lässt sich später nicht mehr entfernen.

Wichtig ist bei größeren Mengen, vor allem beim **Beerenaufschluss**, das gleichmäßige (homogene) Durchmischen und Rühren. Hier ist ein kombiniertes **Rühr- und Schneidgerät** aus Edelstahl optimal. Mit einer starken Bohrmaschine betrieben besitzt es genug Leistung zum Fruchtaufschluss und ist zudem eine preiswerte Alternative zu professionellen Rührgeräten.

Zum Erwärmen können Sie statt der bereits genannten Hockerkocher auch **Kochkessel** mit Edelstahleinsatz, dieser eventuell sogar im Wasserbad, verwenden, die auch für oben genannten Beerenaufschluss gute Dienste leisten.

Die erwärmten Fruchtmaischen schöpfen Sie mit großen Kellen in die **Hydropressen**, die Sie vorher mit einem Presstuch auslegen. Diese Pressen bestehen aus einem zylindrischen, perforierten Pressbehälter. Im Innern befindet sich eine mit Wasser ausdehnbare Pressmembrane, dadurch wird das Pressgut gegen den Zylinder gedrückt. Nach oben ist der Zylinder mit einem Deckel mit Sicherheitsventil abgeschlossen. Der maximale Pressdruck beträgt 4 bar, dies ist ebenfalls durch ein Sicherheitsventil abgesichert. Diese Pressen zeichnen sich durch einfache Bedienung, einstellbaren Pressdruck und leichte Reinigung aus. Ein Presstuch im Innern des Zylinders erhöht die Pressqualität des Saftes und sorgt zusätzlich für eine geringere Belastung mit Trubstoffen, außerdem können Sie das Pressgut damit später leichter entnehmen. Bei der Anschaffung empfehle ich kippbare Pressen, sie erleichtern das Austragen der Trester, die Sie ansonsten mühsam von Hand ausschöpfen müssen.

Ein Rühr- und Schneidgerät aus Edelstahl kann mit einer leistungsstarken Bohrmaschine oder besser einem Rührwerk für Mörtel oder Zement betrieben werden und ist ideal für den schonenden Fruchtaufschluss.

Rechts: Ein freundliches Ambiente und qualitativ hochwertige Produkte in individuellen Flaschen – hier kaufen Kunden gerne ein (Hofladen Kormann, Moggast).

Urkunde
Urkunde
Urkunde
Urkunde
Urkunde
Urkunde
Urkunde

Der Presssaft läuft aus der Presse direkt in Edelstahleimer und wird bis zur Weiterverarbeitung in **Edelstahltanks** gesammelt. Die Tanks gibt es ab 30 Liter Fassungsvermögen. Da sie nachfolgend auch zum Absetzen von Trubstoffen dienen, sollten Sie bei der Neuanschaffung darauf achten, dass ein Trubablauf am Behälter angebracht ist.

Um die verschiedenen Likörkomponenten zusammen zu fügen, brauchen Sie einen **Mischbehälter**. Idealerweise besteht dieser ebenfalls aus Edelstahl, so können Sie mit dem oben beschriebenen Rühr- und Schneidgerät schonend durchmischen.

Die Filtration von Likören ist wegen des hohen Trub- und Schleimstoffgehaltes schwierig. Ohne Pektinabbau geht gar nichts. Aus diesem Grund ist die **Vorfiltration des Saftes** wichtig, um einen Großteil der gröberen Trubstoffe zu entfernen. Hierzu eignen sich entweder teure Fruchtsaftfilter oder – was sich für die Praxis im kleineren Maßstab als sehr effektiv erwiesen hat – nur deren Beutelfiltereinsätze. Diese sind mit einer Maschenweite von 500 oder 300 µm erhältlich, werden befüllt und der Saft läuft über Schwerkraft ab.

Dies ist die beste Vorbereitung für die nachfolgende Filtration mit dem **Schichtenfilter**, dessen Filtereinsätze durch Siebwirkung, Tiefenfiltration und Adsorption optimale Leistung bringen. Selbst bei einfachen Geräten können Sie mehrere Schichten einsetzen. Die Auswahl der Körnung richtet sich nach dem Trubstoffgehalt des Saftes oder Likörs. Man sollte sich hier nach den Herstellerempfehlungen der einzelnen Filter bzw. Schichten richten. In der Regel wird man sich immer im Bereich der Grobfiltration bewegen.

Reinigung und **Hygiene** sind bei der Likörbereitung besonders wichtig. Reinigen Sie alle Teile mit Hochdruckreiniger und Heißwasser, zusätzlich eignen sich vor allem chlorhaltige Systemreiniger oder alkalische Mittel.

Likör – was ist alles drin?

Grundsätzlich setzt sich ein Likör aus den folgenden Bestandteilen zusammen:
- Zucker
- Alkohol
- Frucht
- Wasser

Zwei weitere „Anforderungen“ muss ein guter Likör noch erfüllen:
- der Alkoholgehalt beträgt mindestens 15 Volumenprozent und
- der Zuckergehalt liegt bei mindestens 100 g/Liter.

Zucker

Unter Zucker wird im allgemeinen Sprachgebrauch Saccharose oder Haushaltszucker verstanden. Daneben gibt es aber noch andere Süßungsmittel, die im Folgenden einzeln beschrieben werden.

Saccharose oder Haushaltszucker
Haushaltszucker wird aus Zuckerrüben oder Zuckerrohr gewonnen und ist nichts anderes als reine Saccharose. Hier ist ein kleiner Ausflug in die Chemie notwendig: Saccharose ist ein chemischer Baustein und besteht aus zwei einzelnen Zuckern, die miteinander verknüpft sind: Glukose (Traubenzucker) und Fruktose (Fruchtzucker).

Probiert man Saccharose (Haushaltszucker), Glukose (Traubenzucker) und Fruktose (Fruchtzucker) in reinen Lösungen, so unterscheiden sich diese Zuckerbausteine bezüglich Süßkraft und Geschmack beträchtlich: Die Süßkraft von Glukose ist nur halb so groß wie die der Saccharose. Demgegenüber ist Fruktose sogar noch süßer als Saccharose. Geschmacklich sind die Lösungen aus Glukose und Fruktose wesentlich angenehmer und feiner, auch ihre Löslichkeit in Alkohol ist besser. Aus diesen Gründen sollten Sie den Haushaltszucker vor seiner Anwendung im Likör verbessern, seine Bindung zwischen den Einfachzuckern wird gespalten, im Fachjargon „invertiert“. Diese Spaltung verläuft besonders wirkungsvoll bei Kochtemperatur im leicht sauren Milieu. Es entsteht der **Invertzuckersirup**, er wird häufig nur als **Zuckersirup** bezeichnet.

Zuckersirup
Einen Zuckersirup können Sie einfach selbst herstellen. Hierzu rühren Sie 1 kg Haushaltszucker in 450 ml Wasser,

Wieviel Zucker enthalten einzelne Lebensmittel?
Zuckerrohr: 12–26 %
Zuckermais: 12–17 %
Zuckerhirse: 7–15 %
Süßkartoffeln: 2–3 %
Erdnuss: 4–12 %
Zwiebeln: 10 %
Rüben: bis 20 %
Melasse – ein Restprodukt der Zuckerherstellung mit einem Zuckergehalt von annähernd 50 %, aus dem durch Kristallisation kein weiterer Zucker entnommen werden kann (Quelle: Deutsche Melasse Handelsgesellschaft GmbH).
Äpfel besitzen einen Gesamtzuckergehalt von durchschnittlich 11 %, der sich in 2 % Glukose, 6 % Fruktose und 3 % Saccharose untergliedert (gerundete Durchschnittswerte).

Selbst hergestellter Invertzuckersirup hat oftmals eine leichte Gelbfärbung, die aber die Qualität des Produktes nicht mindert.

setzen einige Kristalle Zitronensäure zu und kochen die Lösung ungefähr 10–15 Minuten. Wenn sich brauner Schaum bildet, so stammen die Verunreinigungen aus der Herstellung des Zuckers, diesen Schaum schöpfen Sie einfach ab. Ist die Lösung abgekühlt, füllen Sie mit Wasser auf einen Liter auf. Sie haben nun eine ungefähr 72%ige Invertzuckerlösung, die Sie in der Spirituosenherstellung für alle Einsatzzwecke benutzen können und ein sauberes, wohlschmeckendes und qualitativ hochwertiges Süßungsmittel darstellt. Der selbst gemachte Invertzuckersirup ist zwar haltbar, Sie sollten ihn dennoch sofort verbrauchen, da selbst durch kleinste Verunreinigungen – ein Staubkorn genügt – durch Bildung eines Kristallisationskeimes das Auskristallisieren von Zucker eingeleitet werden kann. Wie kleine Eiskristalle wird der Zucker dann wieder aus der Lösung abgeschieden. Eine auftretende leichte Gelbfärbung durch lokale Überhitzungen ist akzeptabel, sie führt nicht zu sensorisch bedeutenden Veränderungen des Likörs.

Im Handel fertig gekaufte Lösungen sind jedoch farblos, klar und stabil.

Glukosesirup und Trockenglukose

Für einen Likör ist neben der Süße auch eine gewisse sämige Konsistenz von Bedeutung. Ist das Produkt etwas dickflüssiger, bleibt es länger im Mund des Konsumenten und kann dadurch auch länger seine wertvollen Aromen entfalten. Aus diesem Grund empfehle ich die Verwendung von Glukosesirup in einer Konzentration von 10–20 % der Gesamtzuckerzugabe. Glukosesirup entsteht beim Abbau von Stärke.

Ein kleiner Ausflug in die Chemie
Stärke ist aus einzelnen Glukosebausteinen zusammengesetzt. Wird die Stärke aufgespalten (Stärkehydrolyse), so wird bei der Herstellung von Glukosesirup der Stärkeabbau in dessen Grundsubstanz Glukose nicht vollständig vollzogen, sondern bleibt auf der Basis von mehreren Glukoseresten – auch längerkettige Dextrine genannt – stehen. Die Konsistenz ist dementsprechend zähflüssig, der Geschmack neutral mit wesentlich weniger Süßkraft als die vorher angesprochenen einzelnen Zuckerkomponenten. Haben Sie schon einmal Brot so lange gekaut, bis es süß wurde? Genau dies ist oben beschrieben.

Den Glukosesirup müssen Sie vor der Verarbeitung erwärmen und langsam im Endprodukt lösen. Ansonsten können Sie die zähe Masse nicht verarbeiten. Danach rühren Sie den Sirup langsam in den nicht zu kalten Likör ein. Ist die Grundbasis zu kalt, wird der Sirup wieder zäh und setzt sich am Boden ab. Es ist sehr mühsam, hier dann noch eine Lösung des Sirups im Likör durchzuführen.

Trockenglukose ist einfach anzuwenden, preiswert und eine ideale Möglichkeit, die Konsistenz des Likörs zu verbessern (Verdickungsmittel).

Trockenglukose kann bis zu einem Alkoholgehalt von ungefähr 40 Volumenprozent direkt in den Likör eingerührt werden. Es ist auch möglich, aus Trockenglukose und Wasser einen Glukosesirup herzustellen, wobei hier aber wieder das nicht erwünschte Wasser mit seinen Verdünnungseffekten ins Spiel kommt. Bei der Herstellung wird 1 kg Trockenglukose mit 200 ml Wasser verrührt, bis eine sirupähnliche, weißlich-klare Masse von zähflüssiger Konsistenz und geringer Süßkraft entsteht.

Honig
Betrachtet man nur die Zuckerkomponenten, so wäre Honig sicher ein perfektes Süßungsmittel für Liköre.

Allerdings fallen verschiedene Inhaltsstoffe wie Eiweiße, Pollen und Wachse später in der alkoholischen Lösung aus und trüben so den Likör. Eine weitere Verfälschung ergibt sich durch das Honigaroma. Aus diesem Grund setzt man Honig nur bei Honiglikör – Bärenfang – oder einem Likör ein, bei dem das Honigaroma gezielt erwünscht ist, z.B. einem Whisky-Honig-Likör.

Um das spätere Absetzen und Filtrieren des Likörs zu erleichtern, kochen Sie 500 g Honig mit 50 ml Wasser oder Fruchtsaft kurz auf und schöpfen den entstehenden Schaum mit Verunreinigungen ab. Durch die Hitze werden die Eiweiße inaktiviert und führen deshalb später bei der Likörbereitung nur noch zu minimalen Ausflockungen, die abzufiltrieren sind. Dies erkennen Sie schon optisch, da es sich um klar umrandete, fast kristallin aussehende Flocken und nicht um gallertartige Schleier handelt.

Andere Süßungsmittel
Wie schon oben beschrieben, ist Melasse ein saccharosehaltiges Produkt, das bei der Reinigung – der Raffination – von Zucker anfällt. Melasse wird in vielen Ländern zu Alkohol weiterverarbeitet: Das bekannteste Produkt davon ist Rum. Ferner wird sie zum Färben von braunem Kandiszucker eingesetzt. Solche Zucker sind zur Likörherstellung nicht geeignet, da sie indirekt wieder Verunreinigungen in den Likör hineinbringen. Es kommt sonst zu Abweichungen in Geruch und Geschmack sowie zum Entstehen unerwünschter Trübungen und Ausflockungen.

Alkohol

Liköre müssen einen Alkoholgehalt von mindestens 15 Volumenprozent aufweisen. Unter Alkohol versteht man hierbei Ethanol oder Ethylalkohol, der durch alkoholische Gärung aus zucker- oder stärkehaltigen Rohstoffen durch die Stoffwechselleistungen von Mikroorganismen – Gärhefen – entstanden ist. Bei der alkoholischen Gärung werden Zucker, hauptsächlich die beiden Einfachzucker Glukose (Traubenzucker) und Fruktose (Fruchtzucker) sowie der Doppelzucker Saccharose, zu Ethanol und Kohlendioxid abgebaut. Durch die nachfolgende Destillation wird der Alkohol angereichert, allerdings nur auf eine Konzentration von maximal etwa 96 Volumenprozent. Der Rest besteht aus Wasser. Dieses Gemisch aus Alkohol und Wasser bezeichnet der Chemiker als „azeotropes Gemisch“, es besitzt mit 78,15 °C einen niedrigeren Siedepunkt als reiner Alkohol mit 78,39 °C. Eine weitere Anreicherung auf einen höheren Alkoholgehalt ist jedenfalls teuer und für die Zwecke der Likörbereitung unnötig.

Oben: Das Bienenhaus im Klostergarten von Beuron.

Rechts: Honig kann aufgrund seiner vielen Inhaltsstoffe erst nach entsprechender Aufarbeitung als Süßungsmittel verwendet werden.

Honig besteht aus den folgenden Komponenten:
Wasser: 17 %
Fruktose: 38 %
Glukose: 31 %
Saccharose: 1,3 %
Proteine (aus Bienen und Pflanzen), über 300 Aromen, Pollen und Wachse

Neutralalkohol

Am besten kaufen Sie Neutralalkohol – auch **Primasprit** genannt – mit mindestens 96,3 % Alkohol.

Genau genommen ist dies Ethylalkohol landwirtschaftlichen Ursprungs ohne erkennbaren Fremdgeschmack und mit Höchstwerten für bestimmte Nebenbestandteile wie z. B. Aldehyde, Methanol, Gesamtsäure und höhere Alkohole. Mittlerweile sind diese Produkte auch Bio-zertifiziert erhältlich. Die Nebenbestandteile sind für die Likörherstellung in diesen Konzentrationen völlig belanglos und hauptsächlich bei der Gin- und Vodkaherstellung zu berücksichtigen. Erhältlich ist dieser Alkohol bei Händlern sowie bei allen Kellereitechnikbetrieben (siehe auch Seite 120 f.).

Wie es der Name schon sagt, hat Neutralalkohol keinen Geruch und Geschmack. Dies ist oft von Vorteil, um die natürlichen Aromen der Früchte und Pflanzen nicht zu überdecken oder zu verändern.

Achtung: Verwechseln Sie Neutralalkohol nicht mit Korn. In der Regel hat der im Handel erhältliche Korn zwar nur einen geringen Getreidecharakter, Sie sollten ihn aber aufgrund des niedrigen Alkoholgehaltes nicht verwenden. Vorsichtig müssen Sie jedoch bei Korndestillat aus Abfindungsbrennereien sein. Hierin sind malzige, brotige Aromen enthalten, die den Charakter des verwendeten Getreides und Malzes voll widerspiegeln. Nichts ist schlimmer als ein Beerenlikör, der nach Brot und Korn riecht und am Gaumen eine Mischung aus frischer Frucht und breitem Malzaroma bildet. Dies ist selbst zum Eigenbedarf nicht empfehlenswert.

Sortenalkohol

Wird der Alkohol aus Obst gewonnen, so spricht man von Sortenalkohol. In besonders ertragreichen Jahren wird so unverkäufliches Obst zu Alkohol weiterverarbeitet, wobei das Aroma und die Qualität dieser Produkte stark variieren. In vielen Fällen ist der Einsatz von Sortenalkohol erwünscht. So wird ein Apfellikör immer durch Verwendung von Apfeldestillat aufgewertet und ein Kirschlikör ohne Kirschwasser ist schlichtweg unmöglich. In diesen Fällen dient der Sortenalkohol als **Aromaträger** – vor allem in Bezug auf den Geruch erfüllt er eine wichtige Aufgabe. Dies wird umso klarer, je näher man sich mit den Früchten beschäftigt.

Nun liegen in vielen Kellern große Mengen an Sortenalkoholen auf Lager, vor allem wohl Zwetschen oder Kernobstdestillate von mehr oder weniger guter Qualität. Diese doch recht wertvollen Rohstoffe sollten Sie immer zuerst verwerten, bevor Sie anderen Alkohol zukaufen, das entspricht der

Verwendung von Sortenalkohol
Als Beispiel dient die Schlehe: Ihr Charakter zeichnet sich hautsächlich durch Gerbstoffe und Säure im Geschmack sowie durch tiefblaurote Farbe aus – der Geruch dieser Früchte ist hingegen kaum wahrnehmbar. Wenn Sie hier mit Neutralalkohol arbeiten, entsteht ein zwar geschmacklich und farblich feines Erzeugnis, das in der Nase aber völlig fade und ohne Fruchtcharakter erscheint. Hier erreichen Sie durch die Verwendung von Schlehenbrand, Schlehengeist, Kirsch- oder Zwetschendestillat eine entsprechende Verfeinerung des Geruchs. Sie können dabei entweder ausschließlich diese Sortenalkohole verwenden, für einen ausreichenden Effekt müssen aber zumindest 20 % der gesamten vorgesehenen Alkoholmenge durch Sortenalkohol ersetzt werden.

Bei der Lagerung von Alkohol sollte auf den Verschluss des Glasballons geachtet werden – ein Silikonstopfen bietet sicher einen besseren Schutz für Inhalt und Aroma.

„schwäbischen Mentalität". Aber gerade im Haushalt und in der kleineren Selbstvermarktung werden oft Beerenliköre erzeugt, die sehr empfindlich auf die Sortenalkohole reagieren, die ihr Aroma verfälschen können. Daher müssen Sie versuchen, das Aroma entsprechend zu neutralisieren. Dies gelingt Ihnen bei Obst- und Korndestillaten zumindest teilweise durch die Verwendung von **Aktivkohle**. Diese besonders porenreichen Produkte haben eine extrem große Oberfläche und dadurch sind sie in der Lage Geruchs- und Geschmacksstoffe aufzunehmen – man nennt das in der Fachsprache ein „hohes Adsorptionsvermögen".

Tipp: Sauberer Alkohol ist die Grundlage für einen guten Likör.

In den vergangenen Jahren wurde oft versucht, Fehler im verwendeten Destillat durch übermäßig dosierte Aromen zu überdecken. In vielen Fällen gelingt dies sehr gut, allerdings bei den hier abgedruckten Rezepturen mit reinen Fruchtauszügen werden Sie damit niemals Erfolg haben.

Destillate aus Maischen mit Kahmhefestich dürfen Sie auf keinen Fall für Liköre verwenden. Dies sind Maischen, bei denen es an der Oberfläche durch Sauerstoffzutritt zu einem weißen Belag aus Tausenden kleiner Mikroorganismen gekommen ist. Diese Kahmhefen verderben die vergorene Maische, indem sie die Fruchtmaische als Nährstoffquelle nutzen, den Alkoholgehalt vermindern und selbst höhere Alkohole wie z.B. Propanol und Butanol an die Maische abgeben. Diese unerwünschten höheren Alkohole gelangen dann über den Brennvorgang ins Destillat und bei falschem Einsatz weiter in den Likör. Sie sind sowohl analytisch wie auch sensorisch nachzuweisen und lassen auf die Verwendung verdorbener Maischen schließen. Dies ist alles andere als ein Qualitätsmerkmal, wenn Sie die Ware verkaufen – im amtsdeutsch „Inverkehrbringen" – können Sie dafür bestraft werden.

Wie gehen Sie bei der Aromaneutralisierung von Sortenalkohol vor?
Dosierung von Aktivkohle: Rühren Sie 2 bis 5 g Aktivkohle in einen Liter Sortenalkohol ein und filtrieren Sie nach 8 Stunden über einen Falten- oder Schichtenfilter ab. Wenn Sie eine eigene Brennerei besitzen, können Sie zur weiteren Aromaminimierung und Verfeinerung den Alkohol nach der Behandlung mit Aktivkohle nochmals durch Destillieren reinigen. Hierzu verdünnen Sie den von der Aktivkohle getrennten Alkohol mit Wasser auf höchstens 15 Volumenprozent und destillieren im Brenngerät langsam, wenn möglich über eine Verstärkerkolonne, ab.

Tipp: Für alle Rezepte benötigen Sie hochprozentigen Alkohol von mindestens 75 Volumenprozent.

Für alle Rezepte dieses Buches benötigen Sie hochprozentigen Alkohol – auch im Bereich des Sortenalkohols. Unter „hochprozentig" versteht man hier Alkoholgehalte von zumindest 75 Volumenprozent. Da Sie ohne Aromen und Konzentrate arbeiten, müssen Sie bei allen Zutaten auf einen möglichst geringen Wasseranteil achten. Dies gilt natürlich auch für die alkoholischen Bestandteile.

Die Destillation

Die **Herstellung von Sortenalkohol** aus Früchten ist keine ganz einfache Angelegenheit und birgt viele Fehlerquellen. Die ab dem Spätsommer und im Herbst geernteten und eingemaischten Früchte stehen nach der Vergärung bereit zur Destillation. Das Brennen ist eine **thermische Trenntechnik**, bei der die

Hochprozentiger Alkohol tritt an der Vorlage einer Destillieranlage aus und kann für die Likörbereitung auch in Kleinbetrieben erworben werden (Brennerei Hofgut Aglishardt).

Inhaltsstoffe der Maische nach ihren Siedepunkten abgetrennt werden. Am Prinzip der Destillation hat sich in den letzten Jahrhunderten nichts geändert. Die **Brenngeräte** haben sich jedoch von der optisch ansprechenden, eingemauerten Brennblase zu technisch ausgereiften Brennanlagen weiter entwickelt. Konnte man bei den ersten Brenngeräten kaum Einfluss auf den Ablauf der Destillation nehmen, stehen heute zahllose Möglichkeiten der Einflussnahme bis hin zu einer vollständigen Automatisierung und Steuerung des Gerätes zur Verfügung. Trotz der modernen Technologie haben die Brennerei und der Brennvorgang selbst nicht an Reiz verloren und das Mysterium der Alchemisten des Mittelalters ist auch heute noch in jedem Brennraum allgegenwärtig.

Die im süddeutschen Raum gebräuchliche klassische **Abfindungsbrennerei** ist auf ein Blasenvolumen, d.h. eine maximale Einfüllmenge von 150 Liter Maische begrenzt. Alte Anlagen dürfen weiter betrieben werden – sie haben

„Bestandschutz“ – und so findet man auch heute noch in seltenen Fällen Abfindungsbrennereien mit weitaus größeren Brennblasen, die den Vorteil einer rationelleren Arbeitsweise bieten. Wurden die ersten Brennblasen direkt mit Holzfeuer beheizt, ist heute die indirekte Beheizung über ein Wasserbad Standard, das durch Holz, Öl oder Gas beheizt wird. Immer häufiger findet man auch **Dampfbrennereien**, bei denen die Energie als Dampf aus einem separaten Kessel kommt. Diese Brennereien zeichnen sich durch eine besonders schlanke Bauweise aus, da das großvolumige Wasserbad und der Feuerraum unter der Brennerei wegfallen.

Durch die indirekte Beheizung werden Überhitzungen vermieden und die Maische brennt nicht an, so verbessert sich die Qualität und die Arbeit wird leichter. Weiterhin gehört heute ein **Rührwerk** in der Brennblase zum Standard, dadurch wird die Maische homogen durchmischt und erwärmt. Diese gleichmäßige Erwärmung stellt sicher, dass alle Inhaltsstoffe der Maische zu jedem Zeitpunkt des Brennvorganges die gleiche Temperatur haben – somit erreichen sie gleichzeitig ihren jeweiligen Siedepunkt und werden sich einheitlich aus der Maische verflüchtigen, können im Destillat konzentrierter aufgefangen werden.

Die aus der Brennblase aufsteigenden Dämpfe bestehen aus Alkohol, Aroma- und Inhaltsstoffen der Früchte sowie aus Stoffwechselprodukten der in den Maischen vorkommenden Mikroorganismen. Sie gelangen aus der Brennblase in den **Helm** des Brenngerätes. Dieser Helm kann die unterschiedlichsten Formen aufweisen, je größer seine Oberfläche ist, desto stärker ist seine Kühlwirkung. Im Helm kommt es nämlich zu einer ersten Kondensation und zur Anreicherung der aus der Brennblase aufsteigenden Dämpfe. Bei einfachen Brenngeräten stellt er mit seinem Auslauf, dem Geistrohr, bereits die Endstufe der Destillation dar. Da es durch diese einfach Destillation zu einer relativ geringen Anreicherung von Alkohol kommt, wurde schon früh erkannt, dass bereits durch Auflegen eines nassen Lappens oder durch Berieselung mit kalten Wasser der Alkoholgehalt am Auslauf – der Vorlage – erhöht werden kann. So war die erste Helmkühlung geboren, heute ist sie realisiert durch eine Wasserbüchse am Kopf des Helmes. Der so abgetrennte Alkohol – **Raubrand** – ist mit einer Konzentration von ungefähr 35 Volumenprozent sehr niedrigprozentig und zudem nicht trinkbar, da Vor- und Nachlauf nicht abgetrennt sind. Daher muss ein erneu-

Rechts: Moderne Kleinbrennerei – wichtiger Lieferant für hochwertigen Grundalkohol.

ter Destillationsvorgang zur weiteren Reinigung durchgeführt werden, so erhält man den **Feinbrand**.

Dieses Verfahren ist etwas umständlich, mehrere Arbeitsschritte und große Maischemengen sind notwendig. Um dies zu verhindern kommt ein sogenannter **Verstärker** zum Einsatz. Dieser sitzt entweder direkt auf der Brennblase oder steht daneben. Durch drei eingebaute Destillierböden und einen darüber liegenden Wasserkasten – ähnlich wie bei der oben genannten Helmkühlung – ist mit dem Verstärker einer starke Anreicherung des Alkohols auf über 80 Volumenprozent möglich. Störende Inhaltsstoffe werden im Vorlauf aufkonzentriert und in geringer Menge abgetrennt, ein hochprozentiger Mittellauf fällt an und das Ende der Destillation kündigt sich an, wenn muffige Komponenten auftreten, das ist der Nachlauf. Somit wird in diesem Verfahren in einem einzigen Arbeitsgang sauberer Mittellauf – der **Trinkalkohol** – gewonnen. Ich kann nicht oft genug darauf hinweisen, dass gerade für die Likörbereitung hohe Alkoholkonzentration und Sauberkeit unerlässlich sind. In großen Brennereien sind diese Vorgänge oft schon vollständig automatisiert. Gleiches gilt für die wichtige **Reinigung** der Brenngeräte. Können die einfachen Anlagen auch im Innenraum noch schnell und gründlich von Hand gereinigt werden, ist bei den modernen Geräten eine automatische Reingung unerlässlich, die sogenannte Cip-Reinigung oder „Cleaning in Place“. Nach jedem Destillationsvorgang gelangt ein heißer Wasserstrahl, der durch eine Hochdruckpumpe erzeugt wird, über Sprühdüsen an alle Innenteile. Am Ende des Brenntages wird eine Reinigungslösung beigemischt, die alle im Laufe des Tages gebildeten Ablagerungen entfernt und wieder für eine blanke und reaktionsfähige Kupferoberfläche sorgt. Hier ist man nun am Ende bei einem Punkt angelangt, der in all den vielen Jahren der Entwicklung von Destilliergeräten konstant geblieben ist: **Kupfer** ist immer noch das wichtigste Ausgangsmaterial für den Bau der Brennereien geblieben. Seine katalytischen Eigenschaften, d.h. seine Fähigkeit, unangenehme schwefelhaltige Inhaltsstoffe und giftige Substanzen wie z.B. Blausäure zu binden, ist weiterhin einzigartig und garantiert die hohe Qualität und Reinheit unserer Obstdestillate.

Obwohl sich die Technik weiterentwickelt hat, ist immer noch eine saubere Arbeitsweise vor, bei und nach der Destillation ausschlaggebend für die Qualität des Endproduktes. Somit kann man durchaus auch mit einem einfachen Brenngerät bei richtiger Handhabung und Sorgfalt aromatische und fruchttypische Brände erzeugen. Fundiertes Wissen über die bei der

Destillation ablaufenden Vorgänge ist natürlich Voraussetzung dafür.

Brenngeräte für die Herstellung von Extrakten aus Kräutern oder zur Aromagewinnung sind oft reine Edelstahl- oder Glasapparaturen. Hier wird mit bereits gereinigtem Alkohol gearbeitet (Neutralalkohol) und Gärungsnebenprodukte wie z.B. schwefelartige Komponenten oder aus den Früchten stammende Blausäure treten nicht auf. Außerdem sind diese Anlagen häufig klein mit einem Blasenvolumen von ungefähr 20 Litern.

Wenn Sie mehr wissen möchten:

Obst brennen.
K. Hagmann/B. Essich.
2006. 96 Seiten,
66 Farbf., kart.

ISBN 978-3-8001-3881-4

Die Felsenbirne – Liköre aus diesen Früchten sind seltene Kostbarkeiten.

Früchte und ihre Inhaltsstoffe

Die Inhaltsstoffe der Früchte stehen gerade bei Likören, die Sie aus ihren eigenen Produkten herstellen, im Vordergrund. Vor der praktischen Arbeit hat deshalb immer das Sammeln von Informationen über die zu verarbeitende Frucht Priorität. Nur wenn Sie die Inhaltsstoffe kennen, können Sie die Früchte entsprechend aufschließen, damit im Endprodukt ein optimales Aroma, nur minimale Oxidation, die typische Farbe und so wenig Trübungen wie möglich auftreten. Leider enthalten die meisten Früchte neben den erwünschten Aromastoffen und dem Zucker auch Stoffe, die bei der Likörzubereitung zu Schwierigkeiten führen können. Der Hauptbestandteil der meisten Früchte ist **Wasser**. Damit haben wir von Natur aus eine vorgegebene Verdünnung unseres Endproduktes. Aus diesem Grund darf bei der weiteren Verarbeitung der Früchte so wenig weiteres Wasser wie möglich eingetragen werden. Sie müssen sich hier immer vor

Augen halten, dass bei der Vermarktung die selbst gemachten Liköre mit Produkten aus Fruchtsaftkonzentraten und Aromen konkurrieren müssen. Fruchtsaftkonzentrate gewinnt man aus bis zu siebenfach eingedicktem Saft und Aromen können dem Likör in beliebigen Konzentrationen zugefügt werden. In der Praxis wird heute aus etwa 6,5 kg Äpfeln ein Kilogramm Fruchtsaftkonzentrat hergestellt.

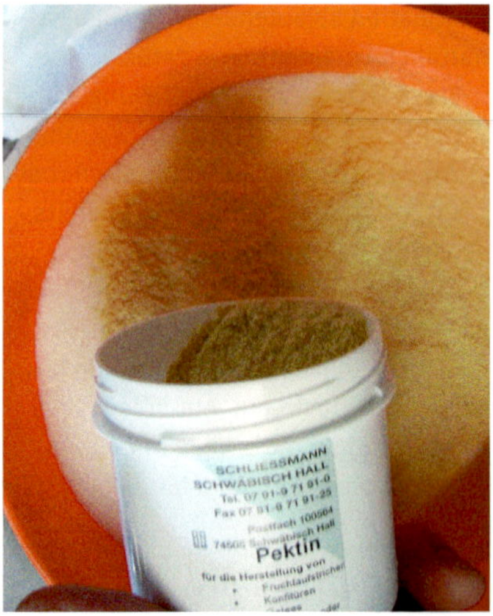

Pektin – gewonnen aus Äpfeln oder Zitrusfrüchten – ist eine nützliche Gelierhilfe bei der Marmeladeherstellung, aber der größte Feind der Likörbereitung.

Pektin

Neben dem Wasser stört bei der Likörbereitung ein Bestandteil der pflanzlichen Zellwand: das Pektin. Chemisch gesehen besteht Pektin aus Polygalakturonsäure. Beim Kochen von Marmelade und Gelee ist Pektin durchaus erwünscht, da es verantwortlich ist für die Verdickung bzw. das Gelieren von Marmeladen und Gelees. Daher ist Pektin ein wichtiger Bestandteil von Gelierzucker und wird auch in reiner Form bei der Herstellung von Fruchtaufstrichen, Marmeladen und Konfitüren eingesetzt.

Wie Sie beim Vergleich der frischen Früchte und der Pressrückstände deutlich erkennen, ist gerade in den ausgepressten Bestandteilen eine starke Anreicherung von Pektin möglich. Aus diesem Grund dienen diese Trester und Schalen auch zur industriellen Gewinnung von Pektin.

Der Pektingehalt einzelner Früchte schwankt stark:
Apfel 1–1,5 %
Apfelbeere 0,75 %
Apfelsine 0,5–3,5 %
Aprikose 1 %
Kirsche 0,4 %
Möhren 1,4 %
Quitte 1,2–1,8 %
Schwarze Johannisbeeren 1,7 %
Apfeltrester 15 %
Citrusschalen 30 %

Empfohlene Pektinenzympräparate
„Bockmeyer Likör- und Beeren-pektinase“ (flüssig):
Dosierung: 25–50 ml/100 kg Früchte. Schließt auch pektinreiche Früchte schnell und vollständig auf und bringt vor allem eine gute Farbausbeute. Nachteilig ist die begrenzte Lagerfähigkeit. Gebindegröße: 100 ml und 500 ml

Bei allen folgenden Präparaten handelt es sich um pulverfömige Substanzen, die in 100-g-Gebinden zu erwerben sind und eine gute Haltbarkeit aufweisen.

„Panzym-Extract G“:
Dosierung: 30 g/100 l Fruchtmaische. Arbeitet etwas langsamer als das flüssige Präparat, bringt aber ebenfalls eine schöne Farbausbeute.

„Panzym Clair Rapide G“:
Dosierung: 20 g/100 l Fruchtmaische. Sehr gutes Enzym mit hervorragenden Eigenschaften hinsichtlich Aufschluss und Farbe.

„SIHAZYM Supra Mash“:
Dosierung: 40 g/100 l Fruchtmaische. Einfaches Brennereienzym, das jedoch bei entsprechender Dosierung und – im Vergleich zum flüssigen Präparat – etwa doppelter Einwirkzeit gute Ergebnisse zeigt. Preiswerte Alternative mit leider etwas schlechterer Farbausbeute.

Ein weiteres pulverförmiges Präparat ist **„Pectinex 100“**, welches sich für kleinere Mengen eignet, da es schon im 10-g-Gebinde erhältlich ist. Dosierung 30 g/100 l Fruchtmaische. Es entspricht in der Wirkung dem vorher genannte „Supra Mash“.

Bei Zugabe von Alkohol hat Pektin die Eigenschaft, zu gelieren. Je höher der Pektingehalt der Säfte, desto größer die Gefahr – besonders vorsichtig müssen Sie daher bei der Verarbeitung von Schwarzen Johannisbeeren und Quitten sein.

Abhilfe gegen das Gelieren schaffen sogenannte **Pektinenzyme** oder **Antigeliermittel**, die Sie im Handel für Kellereitechnik erhalten. Diese Präparate bauen das Pektin ab, haben aber in der alkoholischen Lösung keine nennenswerte Wirkung mehr. Aus diesem Grund müssen die Säfte oder besser noch die Früchte bereits **vor** der Alkoholzugabe entsprechend behandelt werden. Pektinenzyme gibt es in fester und flüssiger Form. Für die Likörbereitung setzt man die gleichen Enzyme wie bei der Saftbereitung ein. Aufgrund der Vielzahl von Angeboten und Herstellern auf diesem Gebiet müssen Sie bei der **Dosierung** die entsprechenden Herstellerangaben beachten. Alle Präparate arbeiten aber bei Temperaturen um die 40 °C besonders effektiv und schnell. Deshalb ist bei allen Rezepten, in denen pektinhaltige Früchte verarbeitet werden, eine Erwärmung auf die genannte Temperatur in Verbindung mit einer Einwirkdauer von 1–24 Stunden angegeben. Pektinenzyme sind Proteine und nur begrenzt im Kühlschrank haltbar, eine Vorratshaltung ist daher nicht zu empfehlen. Ich habe speziell bei diesen Rezepturen mit dem Präparat „Panzym BE“ gearbeitet, was ich nur empfehlen kann. Für kleinere Mengen empfiehlt sich die Anschaffung pulverförmiger Pektinenzympräparate, die eine längere Haltbarkeit aufweisen.

Werden die Pektine während der Verarbeitung nicht aufgeschlossen, ist die Klärung und Filtration des fertigen Likörs nahezu unmöglich. Der schleimige Charakter dieser Bestandteile verstopft jede Filterschicht und führt im Likör zu gallertartigen, unappetitlichen Schleiern.

Stärke

Bei der Verarbeitung von Wurzeln, Knollen und einigen Früchten wie Ingwer, Banane und Karotte kommen weitere Inhaltsstoffe dazu. Um einen Ingwer- oder Bananenlikör herzustellen, muss zuvor die **pflanzeneigene Stärke** abgebaut werden. Stärke gehört zur großen Gruppe der Kohlenhydrate und hier zu den Polysacchariden. Baustein der Stärke ist Glukose (Traubenzucker, siehe Seite 19). Wiederum stehen hier die Klärung und Filtrierbarkeit des Likörs im Vordergrund. Ein Bananenmus ohne Stärkeabbau ist schlichtweg nicht zu verarbeiten. Die hier verwendeten Enzyme werden **Amylasen** genannt. Diese Präparate sind aus der Verarbeitung stärkehaltiger Rohstoffe, nämlich der Getreidebrennerei bekannt. Der Stärkeabbau läuft allerdings bei wesentlich höheren Temperaturen ab als der Pektinabbau. Aus diesem Grund werden stärkehaltige Ausgangsmaterialien auf 75 °C erwärmt und mit Amylase versetzt. Nach einer geringen Haltezeit auf dieser Temperatur ist ein ausreichender Stärkeaufschluss erreicht und eventuell können nun in der Abkühlungsphase bei 40 °C durch die Zugabe von **Pektinase** auch noch Pektine zerstört werden.

Ein etwas außergewöhnliches Reservekohlenhydrat besitzt Topinambur in Form von Inulin. Im Gegensatz zur Stärke ist Inulin aus Fruktosebausteinen (Fruchtzucker) aufgebaut und durch die sogenannte Inulinase mit einem Temperaturoptimum zwischen 20 und 40 °C aufzuschließen.

Wie Sie sehen, sind also **Enzyme** wichtige Helfer beim Fruchtaufschluss und bei der Likörbereitung. Viele Früchte enthalten bereits eigene Enzyme, die beim Reifevorgang zum Erweichen des Fruchtfleisches führen. Bevor Sie Enzyme einsetzen, sollten Sie etwas über deren Herkunft wissen: Enzyme sind Biokatalysatoren, die Reaktionen in Gang bringen. Dabei muss das Enzym zum Substrat passen wie der Schlüssel zu einem Schloss. Für die Praxis bedeutet dies, dass mit einer Pektinase nur Pektin und keine Stärke abgebaut werden kann. Weiterhin hat jedes Enzym ein Wirkoptimum, das von der Temperatur und dem pH-Wert abhängig ist. Keine Angst, Sie finden diese Angaben im jeweiligen Produktblatt. Theoretisch werden Enzyme also nicht verbraucht, sondern durch äußere Einwirkungen wie Hitze oder Säure inaktiviert. Enzyme werden in biotechnologischen Verfahren hergestellt, hauptsächlich durch Stoffwechselleistungen von Mikroorganismen. Mehr oder weniger stark gereinigt kommen sie in verdünnter oder konzentrierter Form auf den Markt. Der Geruch erinnert an fermentierte Lebensmittel wie z.B. an Sojasauce. Bei Anwendung der Enzyme in der vorgeschriebenen Dosierung, die bei der Likörbereitung etwa dreimal so hoch ist wie bei Säften oder Maischen, ist jedoch mit keinerlei sensorischer Beeinflussung zu rechnen.

Der Kationenaustauscher besteht aus einer mit Lewatit gefüllten Säule. Mit einer Kochsalzlösung, die im Behälter hergestellt wird, erfolgt die regelmäßige Regenerierung.

Wasser

Bei allen Rezepturen ist die Verwendung von Wasser auf ein Minimum beschränkt. Verwenden Sie Wasser, so muss der Härtebereich von maximal 6° deutscher Härte unterschritten werden, da es ansonsten zu Kalkausfällungen im Endprodukt kommen kann. Selbstverständlich muss das Wasser den Anforderungen der Trinkwasserverordnung genügen. Daher können Sie Leitungswasser problemlos verwenden, wenn Ihnen der **Härtebereich** bekannt ist und Sie ihn bei Bedarf entsprechend korrigieren.

Da die Calcium- und Magnesiumsalze in Alkohol schlechter löslich sind, sollten Sie nur weiches Wasser mit einer Härte unter 6 °dH verwenden.

Zur Prüfung der Wasserhärte gibt es **Schnelltests**. Durch eine Farbreaktion lässt sich der Härtegrad des Wassers einfach bestimmen.

Zum Enthärten von Wasser verwendet man sogenannte **Kationenaustau-**

scher. Diese Geräte bestehen aus einem zylindrischen Behälter, der mit einem Harz befüllt ist, durch den das Wasser geleitet wird. Normalerweise können diese Geräte direkt an einen Wasserhahn angeschlossen werden. Sie können derartige auch Systeme auch direkt in die Hauswasserversorgung einbauen lassen. Das Harz des Ionentauschers ersetzt die Härtebildner Calcium- und Magnesium durch Natrium. Mit der Zeit wird das gesamte Harz mit Calcium und Magnesium beladen, dann müssen Sie das **Austauscherharz regenerieren**. Dazu wird der Kationenaustauscher mit einer Kochsalzlösung gespült. Wichtig ist dabei, dass Sie nach der Regenerierung so lange Wasser durch das Austauscherharz leiten, bis das Wasser nicht mehr salzig schmeckt. Die Wirkung des Kationenaustauschers sollten Sie regelmäßig mit Hilfe eines Schnelltests zur Wasserhärtebestimmung überprüfen, sodass das Harz rechtzeitig regeneriert wird. Die Leistung des Kationenaustauschers richtet sich nach der Härte des Wassers: Je härter das Wasser, desto weniger Wasser lässt sich mit der gleichen Menge Austauscherharz enthärten. Mit der Zeit verschmutzt das Austauschermaterial durch die Verunreinigungen des Wassers und muss gereinigt oder durch neues Material ersetzt werden.

Unter der **Härte des Wassers** versteht man seinen Gehalt an Calcium- und Magnesiumsalzen. Der Gehalt wird in „deutschen Härtengraden“ °dH angegeben.

Danach lässt sich Wasser in verschiedene **Härtegrade** einteilen:
Weich: 0 bis 7 °dH
Mittelhart: 7 bis 14 °dH
Hart: 14 bis 21 °dH
Sehr hart: >21 °dH

Kräuter, Gewürze, Samen

Kräuter und Samen sind ideale Bestandteile, um Liköre herzustellen. Bei einigen Rezepten dienen sie nur der Abrundung, bei andern sind sie die alleinigen Wert gebenden Bestandteile der Liköre. Viele meiner Versuche haben gezeigt, dass die Verwendung von **getrockneten Kräutern** optimal für die Ausbildung der charakteristischen sensorischen Eigenschaften ist. Bei frischen Kräutern kommen zu viele grüne, grasig-derbe Aromen mit ins Endprodukt. Gerade bei Kräutern, Gewürzen und Samen sollten Sie besonderen Wert auf feine, zarte Aromen legen. Man will ja keine Medizin herstellen, sondern ein Produkt, welches die positiven Eigenschaften der Kräuter in angenehmer Form mit Alkohol und Zucker vereint und so als Aperitif oder Digestif genossen an den Konsumenten weitergibt.

Die Mazeration von Kräutern und Samen ist eine spannende Angelegenheit. Schon geringe Rezepturabweichungen führen zu Aromaveränderungen.

In der Regel werden die einzelnen **Kräuter** oder Mischungen **mazeriert**. Dies ist die älteste Form der Fest-Flüssig-Extraktion. Man versucht, die Wert bestimmenden Inhaltsstoffe durch **Einlegen in Alkohol** und nachfolgendes Abtrennen mittels Filtration auszulaugen. Die Mazerationsdauer beträgt hierbei maximal 24 Stunden, da ansonsten auch unangenehme Geruchs- und Geschmacksstoffe ausgelaugt werden.

Bei **Samen** wie Anis und Kümmel erhält man die Aromastoffe durch Destillation der Samen mit Alkohol, in dem klaren Destillat findet man die reinen Eigenschaften der eingelegten Drogen. Dazu geben Sie ungefähr 1 kg Anis, Kümmel oder Kräutermischung mit 100 Litern vergorener Kernobstmaische in eine Brennblase und destillieren langsam. Nach sauberer Abtrennung von Vor-, Mittel- und Nachlauf wird der saubere Mittellauf zur Likörbereitung herangezogen. Die leichten, fruchtigen Obstnoten stehen den Likören sehr gut. Natürlich können Sie auch mit gereinigtem Nachlauf oder mit Neutralalkohol arbeiten.

Tipp: Als Faustregel gilt, dass auf ungefähr 7 Liter zu erwartende Alkoholausbeute 1 kg Kräutermischung eingesetzt werden muss, um die entsprechende Aromaintensität zu erhalten.

Diese klaren Kräuterdestillate ergeben mit Invertzuckersirup versetzt ebenso klare Kräuterliköre. In der Regel wird man nun aber versuchen, goldene oder braun-schwarze Färbung durch Mazerieren der Kräuter oft nach alten Hausrezepten zu erhalten. Eine entsprechende Rezeptur ist im Kapitel „Kräuterlikör" zu finden.

Geschmacksabrundung

Wenn man von Substanzen zur Abrundung eines Likörs spricht, so ist hier in erster Linie das harmonische **Zucker-Säure-Verhältnis** von Bedeutung. Diese harmonische Vereinigung von angenehmer Süße und fruchtiger Frische stellt man im fertigen Likör durch die Zugabe von **Zitronensäure** ein. Maßgeblich für deren Dosierung ist dabei allein die Orientierung an der Ausgangsfrucht. Stellen Sie sich den Verzehr der frischen Früchte vor und versuchen Sie dann deren Charakter in den jeweiligen Likör angenehm einzubinden. Diese Abrundung mit Zitronensäure erfolgt immer erst im fertigen Produkt – jedoch vor der Filtration. Sie können dazu Zitronensäure in kristalliner oder flüssiger Form oder auch frisch gepressten Zitronensaft ohne Trub und Feststoffe verwenden.
Die Dosierung ist von Frucht zu Frucht und auch von Erntejahr zu Erntejahr verschieden, deshalb kann ich Ihnen hier keine Dosierungsempfehlungen geben.
In vielen älteren, aber auch in neueren Büchern findet man immer wieder die Empfehlung, Kräuter oder Gewürze zuzugeben – vor allem bei Likören, die aus Ansätzen hergestellt werden. In diesen Rezepturen mag es vielleicht ratsam sein so zu verfahren, um die bereits im Ansatz vorhandenen Oxidationsnoten und Sherrytöne zu überdecken. Bei der Herstellung von Fruchtlikören mit hohen Qualitätsrichtlinien sind solche Substanzen absolut tabu – der **reine Fruchtcharakter** mit seiner ganzen Charakteristik und Finesse soll festgehalten werden und nichts anderes.
In einigen Rezepten, wie beispielsweise bei dem grünen Walnusslikör, kommen Gewürze, Rum und Weinbrand zum Ansatz. Der Likör lebt von diesen Verfeinerungen, da die grüne Walnuss allenfalls gesundheitlichen Aspekten

dient und dieser Likör ohne aromatische Aufbesserung kaum genießbar ist. Hier kommt man schnell wieder zu den Wurzeln der Likörbereitung, als nämlich im Mittelalter die Ärzte und Alchemisten versuchten, ihre Auszüge und Rezepturen durch Süßung und aromatische Beimengungen trinkbar zu machen.

Tipp: Abrundungen sind Geschmackssache. Wer seinen Fruchtlikör damit behandelt, muss sich über die Wirkung dieser Substanzen im Klaren sein. Sicherheitshalber sind Vorversuche mit kleinen Mengen empfehlenswert.

Erdbeerlikör – die oxidative Farbveränderung (Braunfärbung) ist optisch, aber auch sensorisch deutlich zu erkennen (Sensoriktest, England).

In allen Fällen ist die **kühle und dunkle Lagerung** der Liköre zwingend notwendig. Füllen Sie die Behälter immer spundvoll. Vermeiden Sie Luftpolster, eventuell müssen Sie bei größeren Mengen mit CO_2 überlagern. Füllen Sie nur so viel Likör ab, wie Sie in den folgenden 3–4 Wochen verkaufen oder trinken wollen. Füllen Sie Liköre in **dunkle Flaschen** ab. Dies hat neben dem Schutz vor der schädlichen Lichteinwirkung den zusätzlichen Vorteil, dass geringfügige Ausflockungen und Niederschläge nicht zu sehen sind und daher nicht stören. Bei einigen Fruchtlikören hat die Anwendung von Ascorbinsäure als Oxidationsschutz eine etwas verlängerte Haltbarkeit gebracht. Dies muss aber im Einzelnen noch näher geprüft werden.

Wie lange hält Likör?

Die Haltbarkeit der Liköre ist in vielen Fällen sehr begrenzt. Generell sind alle Fruchtliköre selbst bei kühler und dunkler Lagerung **maximal 3–6 Monate** ohne Qualitätsverluste haltbar. Wie die Zeitspanne schon zeigt, besteht ein großer Spielraum, der vor allem von der Beerensorte und den Verarbeitungsverfahren abhängig ist. Generell sind alle reinen Fruchtansätze weniger lange haltbar als die im Folgenden genannten Rezepturen aus Früchten, bei denen das Pektin zerstört wurde. Die Produkte aus Erdbeeren sind mit einer Haltbarkeit und Farbstabilität von maximal 3 Monaten wohl am empfindlichsten.

Bei der vergleichenden sensorischen Analyse fallen Fehler schnell auf.

Schlehe und schwarze Johannisbeere sind stabiler, jedoch merkt man auch hier bereits nach wenigen Monaten leichte Veränderungen in der Farbe hin zu bräunlichen Oxidationsnoten, die dann nach 6 Monaten deutlich werden. Gute Haltbarkeit zeigt der nach diesen Rezepturen hergestellte Kirsch- und Sauerkirschlikör mit bis zu einem Jahr, da durch den Herstellungsprozess sämtliche Oxidationsenzyme zerstört werden. Gleiches gilt auch für die Kernobstliköre, die erhitzt werden oder nachträglich geschönt werden. Diese Alterungserscheinungen sind völlig normale Vorgänge, die auch bei der industriellen Produktion von Likören zu Problemen führen – dies ist oft sogar auf den Flaschenetiketten aufgedruckt – „nach dem Öffnen im Kühlschrank lagern“ oder „nach dem Öffnen in 14 Tagen aufbrauchen“.

Weniger kritisch sind grüner Walnusslikör und Kräuterlikör. Hier können sogar noch über drei Jahre alte Produkte ohne Einbußen in Geruch und Geschmack problemlos konsumiert werden.

Wissenswertes für Selbstvermarkter

Sie möchten Ihren selbst hergestellten Likör verkaufen? Ein paar wichtige Dinge müssen Sie hierbei beachten.

Was muss auf das Etikett?

So kommen wir zur rechtlichen Seite der Likörherstellung. Möchten Sie Ihren Likör verkaufen, ist bei der Kennzeichnung der **Alkoholgehalt** genau anzugeben (±0,3 Volumenprozent). Zusätzlich muss auf dem Flaschenetikett noch die **Verkehrsbezeichnung** stehen, wobei das jeweilige Ausgangsprodukt mit der Bezeichnung ....likör zu verwenden ist – z.B. Himbeerlikör – weiterhin sind die **Füllmenge** der Flasche, die **Losnummer** und der **Hersteller** oder der Verkäufer aufzulisten. Die Angabe eines Mindesthaltbarkeitsdatums ist vor allem bei den Fruchtlikören ratsam, aber nicht vorgeschrieben, um den Verbraucher auf die schwindende Qualität bei längerer Lagerung hinzuweisen. Außerdem ist durch den Hinweis „dunkel und kühl lagern" ein weiterer Schritt in Richtung Qualitätserhaltung beim Verbraucher getan.

Achten Sie auch auf die Schriftgröße. Abhängig von der Füllmenge des Gebindes gibt es Mindestschriftgrößen für die Etikettierung. Bei einer Füllmenge von 200–1000 ml beträgt die Mindestschriftgröße 4 mm. Weiterhin müssen Verkehrsbezeichnung, Füllmenge und Alkoholgehalt im gleichen Sichtfeld angebracht sein.

Alkoholbestimmung

Es ist schwierig, den gewünschten Alkoholgehalt in Likören vor deren Herstellung zu berechnen, da man mit

Marillen (Aprikosen) – Früchte mit einzigartig zartem Aroma, das höchste Anforderungen an den Likörbereiter stellt. Hiermit können Sie Ihr „Meisterstück" kreieren.

Überschlagsrechnung
Menge des verwendeten Alkohols in Litern x Alkoholgehalt in Volumenprozent = ml reiner Alkohol/1000 ml Likör.

Beispiel: Zugabe von 150 ml Neutralalkohol mit 96,3 Volumenprozent = 144,5 ml Alkohol.
Und 50 ml Liter Apfelbrand mit 81,5 Volumenprozent = 40,8 ml Alkohol.
Ergibt eine Gesamtmenge von 185,3 ml Alkohol/Liter Likör.
Dies bedeutet, der Likör hätte bei genauer Arbeitsweise einen Alkoholgehalt von 18,5 Volumenprozent.

Gebräuchliche Messgeräte für Alkoholgehalte sind Dichtemessgeräte, die nur in reinen Alkohol-Wasser-Mischungen funktionieren. Aus diesem Grund müssen Liköre, die ja Frucht, Zucker und Alkohol enthalten, vor der Bestimmung „probedestilliert" werden.

ständig wechselnden Rohstoffen und vielen Messungenauigkeiten arbeiten muss – eine Berechnung auf die gesetzlich vorgeschriebene Genauigkeit von ±0,35 Volumenprozent ist sogar gänzlich unmöglich.

Um ungefähre Richtwerte zu erhalten, ist folgende Überschlagsrechnung möglich, wobei immer von einer Gesamtmenge der Zutaten von 1 Liter bei 20 °C ausgegangen wird.

Zur exakten Kontrolle des Alkoholgehaltes muss aber unbedingt eine **Probedestillation** durchgeführt werden. Dichtemessgeräte, sogenannte Aräometer oder Senkwaagen, bestimmen die Dichte einer Flüssigkeit und geben diese in Maßeinheiten an. Extrakt- und Alkoholbestimmungen müssen aber getrennt voneinander durchgeführt werden, da extraktreiche Flüssigkeiten die Dichte erhöhen, wogegen alkoholische Lösungen sie erniedrigen. Kommen die beiden Lösungen nun zusammen, wie dies bei Likören – durch Zuckerlösungen und Fruchtauszüge im Extraktbereich sowie Destillate im alkoholischen Bereich – der Fall ist, liefert diese Messmethode keine aussagekräftigen Ergebnisse mehr. Man muss Extrakt und Alkohol zuerst durch eine Probedestillation voneinander trennen. Probedestilliergeräte sind nichts anderes als einfache „Minibrennerein", die bis zu einem Volumen der „Brennblasen" von

0,5 Litern anmeldefrei sind. Die Einheit besteht aus einer Herdplatte, auf dieser wird die Flüssigkeit im Destillierkolben erhitzt. Alkoholische Dämpfe steigen in den Kühler auf, werden kondensiert und fallen in einen unter der Vorlage stehenden Messkolben. So bleibt der Extrakt zurück und der Alkohol kann im aufgefangenen Destillat gemessen werden. In reiner Alkohol-Wasser-Mischung wird mit dem Alkoholometer der exakte Alkoholgehalt des Ausgangslikörs bestimmt. Die genaue Vorgehensweise entnehmen Sie den Gebrauchsanleitungen der Probedestilliergeräte. Wichtig ist dabei eine exakte und saubere Arbeitsweise, da der Alkoholgehalt von Likören mit einer Genauigkeit von ± 0,35 Volumnenprozent auf dem Etikett abzudrucken ist.

Die sensorische Beurteilung von Likören wird in entsprechenden Sensorikseminaren gelehrt (Walzenhausen, Schweiz).

Sensorische Beurteilung

Liköre stellen in zunehmendem Maße eine interessante Erweiterung der Produktpalette für Brennereien und Selbstvermarkter dar. Mittlerweile werden aus fast allen Früchten unter Zugabe unterschiedlichster Alkoholarten und Zuckerstoffe Liköre bereitet. Nachdem sich diesen Likören auch renommierte Qualitätsprüfungen, wie die Destillata und die Badische Obstbrandprämierung, geöffnet haben, stellt sich immer wieder die Frage nach den Beurteilungskriterien für diese Produktgruppe.

Kriterium 1: Farbe
Die Farbe ist ein wichtiger Beurteilungsparameter, weil schon auf den ersten Blick – ohne einen Schluck probiert oder am Produkt gerochen zu haben – eine erste sichere Aussage über die Qualität und eventuell das Alter des Produktes

Hochwertige Gläser und entsprechendes Arbeitsmaterial erleichtern die Arbeit bei der Beurteilung.

gemacht werden kann. In der Regel sind schon leichte Braunfärbungen oder bereits leicht wahrnehmbare Verschiebungen der ursprünglichen Fruchtfarbe in braun-oxidative Veränderungen ein Zeichen für den beginnenden Qualitätsabbau. Die Braunverfärbung erkennt man, ähnlich wie bei Rotwein, deutlich an den Rändern des Degustationsglases, wenn die Farbe unter einem Winkel von 45° bei weißem Hintergrund beobachtet wird. Die einwandfreie Farbe orientiert sich weitestgehend an der ursprünglichen Fruchtfarbe, welche möglichst unverändert, vielleicht sogar noch intensiviert, auf keinen Fall jedoch abgeschwächt oder verändert in den Likör übertragen werden soll. Vor allem zugesetzte Gewürze, wie man dies oft in alten Ansatzrezepten findet und die in reinen Fruchtlikören normalerweise nichts zu suchen haben, führen zur unvermeidbaren Bräunung des Likörs.

Kriterium 2: Klarheit und Konsistenz

Ein immer wieder diskutiertes Problem bei der Verkostung von Likören sind Klarheit und Konsistenz. Ein im kleinen Maßstab hergestellter Likör aus eigenen Früchten muss beim Kriterium Klarheit großzügig behandelt werden. Oft ist es dem Hersteller durch das Fehlen von Filtrationsgeräten oder mangelnder Kenntnis an Schönungsreaktionen gar nicht möglich, den Likör blitzblank zu bekommen. Dies ist für ein gutes Produkt auch gar nicht notwendig. Leichte Opaleszens ist kein Problem. Richtige Fehler zeigen sich auf markantere Art und Weise, wenn zum Beispiel schwammige Pektinwolken oder gelierte Partikel die Flasche bzw. das Glas verunreinigen. Auch Agglomerate aus sich nicht mehr lösendem Fruchttrub oder am Flaschenhals schwebende Tropfen ätherischer

Öle oder fuseliger Komponenten führen zur Abwertung.

Die Konsistenz ist ein bedeutendes Merkmal für Liköre, von denen erwartet wird, etwas zähflüssiger und sämiger zu sein. Dies ist durchaus von Vorteil, da durch die höhere Viskosität das Produkt länger im Mundraum zurückbleibt und dadurch aromatischer erscheint. In der Praxis erreicht man diese Konsistenzänderung durch den Austausch eines Teils des verwendeten Zuckersirups durch weniger süßen, aber hochviskosen Glukosesirup. Die Prüfung der Konsistenz erfolgt ebenfalls optisch. Der Likör darf sich auf keinen Fall wie eine wässrige Flüssigkeit im Glas präsentieren, sondern er muss schon durch eine etwas höhere Viskosität die Kraft seiner Inhaltsstoffe und Aromen erahnen lassen. Hier hat man einen breiten Bewertungsspielraum, der von dem Kriterien bestimmt wird, die das Produkt auf keinen Fall haben sollte, nämlich wässrig oder so hochviskos, dass das Glas kaum zu entleeren ist. Alles dazwischen ist möglich und in Ordnung.

Der „richtige“ Geruch spielt eine große Rolle.

Kriterium 3: Geruch

Beim Riechen am Glas muss sofort die Ausgangsfrucht vor dem geistigen Auge erscheinen, da neben der Farbe der Geruch noch vor dem Geschmack wahrnehmbar ist. Man ist sehr enttäuscht, wenn beispielsweise bei einem herrlich roten Himbeerlikör ein untypischer, aus dem verwendeten Alkohol begründeter Apfel- oder Birnenton zu erkennen ist. Neben der Sauberkeit des Grundalkohols bezüglich Vor- und Nachlauffehler ist auch dessen Geruch in Bezug auf seine Eignung zur Likörherstellung zu prüfen. Bei vielen Produkten ist hier Neutralalkohol das Mittel der Wahl. Völlig frei von störenden Aromastoffen lässt er den typischen Fruchtaromen freien Lauf. Dennoch gibt es Früchte, die einen nur sehr geringen Eigengeruch haben wie z.B. Schlehen. Hier ist bei der Verkostung sogar eine geruchliche Aufwertung durch passenden Sortenalkohol, wie z.B. sauberes Kirsch- oder Zwetschenwasser zu erwarten. Wichtig ist nur eines – der Geruch darf nicht vom Charakter der Frucht abweichen.

Wurden bereits bei der optischen Analyse Anzeichen von Oxidation und Farbveränderungen festgestellt, tritt auch im Geruch ein typischer, oxidativer Sherryton auf, in den im Extremfall im Lauf der Zeit das ganze Fruchtaroma umgewandelt wird. Solche Produkte sind dann völlig untypisch und die Alterung hat seine Wirkung getan. Da dieser Vorgang bei Likören sehr schnell abläuft, dürfen solche Produkte auf keinen Fall mehr verkauft werden und sollten bei einer Qualitätsprüfung entsprechend abgestraft werden. Noch kritischer betrachten muss man den Zusatz von Aromastoffen, die ebenfalls im Geruch fast eindeutig identifiziert werden können. Riecht der schwarze Johannisbeerlikör nach Gummibärchen, der Apfellikör intensiv nach grünem Apfel (bekannt aus Bonbons und Apfelshampoo) und der Zwetschenlikör nach japanischem Pflaumenwein, ist Vorsicht geboten – hier wurden mit Sicherheit Aromastoffe eingesetzt. Ob dies zulässig ist, muss man im Reglement vor der Verkostung klären. Außerdem ist ein reichhaltiger Erfahrungsschatz zum sicheren Erkennen solcher Zusätze notwendig, bevor man an deren Kritisierung geht – schnell ist ein falsches Urteil gefällt und der Hersteller entsprechend empört.

Kriterium 4: Geschmack

Das harmonische Zucker-Säure-Verhältnis bestimmt die geschmackliche Bewertung eines Likörs. Hochwertige Zuckerstoffe in angenehmem Einklang mit fruchtigen Säuren und charakteristischen Aromen sind das Ziel, leider bei vielen Likörproduzenten immer noch selten ereicht. Oft sind gerade Liköre kleinerer Hersteller vollkommen übersüßt und fade. Auch hier orientiert man sich wiederum an der Ausgangsfrucht, deren Geschmackseindruck sich im Likör wiederfinden soll. Natürlich gibt es eine große Bandbreite zwischen den einzelnen Früchten. So darf ein Likör aus schwarzen Johannisbeeren sicher eine intensivere Säure besitzen als ein Produkt aus Erdbeeren oder Brombeeren. Die alkoholischen Komponenten fungieren im Geschmack als Aromaträger, müssen also wie schon bei der geruchlichen Bewertung von Grund auf sauber und nur mit gewünschten Aromen beladen in den Gaumen gelangen. Fuselige oder muffige Alkohole hinterlassen auch bei Likören einen unangenehm breiten Nachgeschmack.

Wie riecht und schmeckt welcher Likör? Sind alle genannten Vorgaben erfüllt, befindet sich ein perfektes Produkt im Glas. Die Vorgaben erscheinen auf den ersten Blick streng, verkörpern aber letztendlich nichts anderes als eine unter qualitativ und hygienisch anspruchsvollen Zielen agierende Produktion in Verbindung mit der Einhaltung gesetzlicher Vorschriften sowie eines sensorischen Feinabgleiches. Gerade für diesen sensorischen Feinschliff und die Beurteilung des Endproduktes ist es wichtig, die **Merkmale des Likörs** in Worte zu fassen. Dazu dient die folgende Beschreibung einiger Liköre.

Nur zur Abkühlung steht dieser Kirschlikör für kurze Zeit auf dem Fensterbrett.

– *Sauerkirschlikör*

Positiv: fruchtige, dezente Kirschnote im Geruch, charakteristische Säure im Geschmack mit feinen Bittermandelnoten im Abgang, deutliche, ausgeprägte Rotfärbung ohne Brauntöne am Glasrand. Leichter, erfrischender Likör mit würzig-feinen Nuancen.

Negativ: starke Bittermandelnoten, wenig Säure, oxidative Braunfärbung in Verbindung mit Sherrynoten in der Nase, wässrige Konsistenz und zu schwache, fahle Rotfärbung.

– *Kirschlikör/Edelkirsch*

Positiv: intensiver, weicher Fruchtcharakter, dunkel- bis blauroter Likör mit sämiger Konsistenz, dichtes Kirscharoma unterlegt durch würzig-schokoladige Nuancen des Steines, weiche, harmonische Säure mit zartbitterem Abgang und fruchtigen alkoholischen Komponenten.

Negativ: unharmonisches Zucker-Säure-Verhältnis, starke Bittermandelnoten, faulig-muffige oder schimmlige Nuancen bedingt durch schlechte Rohware oder minderwertigen Alkohol, estriger Vorlaufgeruch, Essigstich, überlagernde Gewürz oder Fremdnoten.

_ *Pfirsichlikör*
Hier sind starke sortenbedingte Unterschiede zu beachten. Von leicht bitteren, säuerlich herben Komponenten bis hin zu marmeladigem, breit ausladendem Geschmack sind viele Produkte im Verkauf.
Positiv: sauberer, dezenter Pfirsichgeruch, vollmundiger Geschmack mit filigraner Säure am Gaumen, zart goldene bis leicht rötliche Farbgebung. Oft sortenbedingt etwas herb und zartbitter am Gaumen.
Negativ: überaromatisiertes, stark parfümiertes und nicht pfirsichtypisches Aroma, oxidierte Fruchtaromen, untypische Farbgebung, intensive, am Gaumen nachhängende Süße.

_ *Schlehenlikör*
Positiv: gerbstoffbetonter, adstringierender Geschmack, Gerbstoffe dürfen in Mund und Zunge deutlich zu spüren sein, feine bis intensive Bittermandelnote in Verbindung mit ausgeprägter Säure und fruchtigen, kirschähnlichen Aromakomponenten, dezente, zurückhaltende Süße, intensive blaurote Farbe, die in leicht sämiger Konsistenz lange im Glas zurückbleibt.
Negativ: parfümierter Geruch, fehlende qualitätsbestimmende Gerbstoffe, wässrige Konsistenz, Nachlaufkomponenten oft durch Verwendung minderwertigen Zwetschenwassers, Oxidation durch lange Lagerung oder Braunfärbung durch Verwendung überreifer Früchte mit oxidiertem Fruchtfleisch.

_ *Johannisbeerlikör*
Positiv: aromatischer, würziger Likör mit intensiver tiefblauer, fast undurchsichtiger Farbe, ausgeprägte Säure und die typischen Cassisnoten bestimmen das Gesamtbild. Rote Johannisbeeren ergeben ebenfalls ein fruchtiges Produkt mit hellroter Farbe und den etwas grasiger und grün wirkenden charakteristischen Aromakomponenten dieser Früchte.
Negativ: rauer, kratziger Geschmack durch nicht entrappte Beeren oder Mitverwendung von Blättern zur Aromaintensiverung, bitter und unharmonisch durch lange Ansatzzeiten und stark zerdrückte Kernchen, oxidativ.

_ *Apfellikör*
Positiv: feiner Apfelduft mit den vielfältigen Aromakomponenten der verschiedenen Apfelsorten, von fast citrusartiger Spitze bis hin zu bananenartiger Breite, zarte schalentypische Farbnuancen von zartem Gelb bis hin zu leichtem Rosa.
Negativ: Geruch nach grünem Apfel, mostige Gärnoten in der Nase, Braunfärbung, Bratapfelcharakteristik und Kochtöne.

Genussreife, frische Äpfel entfalten zitrusartige, feine Aromen.

– *Williams-Christ-Birnenlikör*

Positiv: hellgelber bis maximal goldgelber Likör, klar oder mit leichtem Fruchttrub, typischer Duft durch Verwendung von sauberem Destillat, erfrischende Säure mit lang anhaltenden Birnennoten am Gaumen; Birnencharakter noch lange nach dem Genuss im Glas zurückbleibend.

Negativ: mehlig-grieseliger Fruchtauszug, intensive Schlierenbildung, oxidative Braunfärbung, ranzig-oxidierte Frucht, fuselig-ölig am Gaumen.

– *Quittenlikör*

Positiv: zitronengelber bis goldgelber, süßlich parfümierter und charakteristisch duftender Likör, leichte Citrusnoten und angedeuteter Blütenduft bestechen in der Nase, frisch und lang anhaltend am Gaumen.

Negativ: verkochter, breiter Geruch und Geschmack durch falsche Verarbeitung, alkoholische Fremdnoten Richtung Apfel oder Birne, starke Trübungen oder Pektinschleier, süßlich-belegender Geschmack oder völlige Unspezifität durch Quittenaroma, welches bis heute der Quitte so gut wie gar nicht entspricht.

Rezepte

Kernobstliköre

Die Herstellung von Kernobstlikören stellt sehr große Herausforderungen an den Produzenten. Die Früchte sind oxidationsempfindlich, neigen also schnell zur Braunfärbung, ein hoher Pektingehalt führt zu Verarbeitungsschwierigkeiten und ein sehr zartes, in vielen Fällen verhaltenes Fruchtaroma muss erhalten und intensiviert werden.

Die Oxidation kann durch eine kurze Hitzeeinwirkung verhindert werden oder wird später durch eine Schönung entfernt, auf die jeweilige Vorgehensweise gehe ich in den Rezepten ein. In einigen Rezepturen entsteht eine Aromaanreicherung, indem die **Früchte mit Fruchtsaft** verarbeitet werden. Gerade bei Tafelobst ist dies eine einfache Aufgabe, die zusätzlich zur Anreicherung des Aromas noch Intensivierung der Farbe mit sich bringt. Die Früchte müssen hier kurz vor der optimalen Genussreife stehen, denn festes Fruchtfleisch und frische Farben in Verbindung mit fruchtiger Säure bestimmen die Qualität bei Tafelobst.

Bei geschüttelten Früchten von Streuobstwiesen steht die Saftgewinnung im Vordergrund. Hier ist die Aufarbeitung des Presssaftes zur Likörherstellung erstes Gebot.

Info: Werden die Liköre als **Fruchtsaftliköre** bezeichnet, muss der Saftanteil derjenigen Frucht, die den Namen gibt, mindestens 20 Liter je 100 Liter des Fertigerzeugnisses betragen, was in den folgenden Rezepturen immer gewährleistet ist.

Apfellikör

Essbare Apfelsorten kennt man seit vielen tausend Jahren, denken Sie an Eva im Paradies. Durch Erfolge in der Züchtung gibt es heute unzählige Sorten als Tafel- und Wirtschaftsobst mit den unterschiedlichsten Geschmacks- und Inhaltsstoffen. Süße und säurearme Äpfel werden überwiegend frisch verzehrt, während gerbstoffhaltige und säurebetonte Früchte zur Most- oder Saftbereitung angebaut werden. Alle Sorten eignen sich zur Zubereitung von Apfellikör, sie geben aber dabei ihre Inhaltsstoffe voll an das Produkt weiter – so wie der frische Apfel riecht und schmeckt, so präsentiert sich später auch der fertige Likör im Glas.

Zutaten

- 0,5 Liter Apfelsaft (entweder klar pasteurisiert oder frischen, hellen Saft aus Tafeläpfeln ohne viel Trub)
- 250 g reife, rotschalige Äpfel mit festem Fruchtfleisch (wenn rötlicher Saft erwünscht ist)
- 250 ml hochprozentiger Apfelbrand 80%ig
- 100 ml Zuckersirup
- Pektinenzym, Zitronensäure

So wird's gemacht

Erhitzen Sie den Apfelsaft auf 80 °C und schneiden Sie die gewaschenen, abgetrockneten und entstielten Äpfel in ungefähr 1 cm dicken Scheiben direkt in die heiße Flüssigkeit. Alle Früchte sollten mit Saft bedeckt sein und die Temperatur bis zum Einschneiden der letzten Äpfel noch etwa 2 Minuten gehalten werden. Nun

Äpfel mit hellem Fruchtfleisch und roter Schale – wie beispielsweise Pinova – eignen sich zur Herstellung von rot gefärbtem Apfellikör.

Um Oxidation und Braunfärbung zu vermeiden, ist eine Zerkleinerung unter Hitzeeinwirkung notwendig.

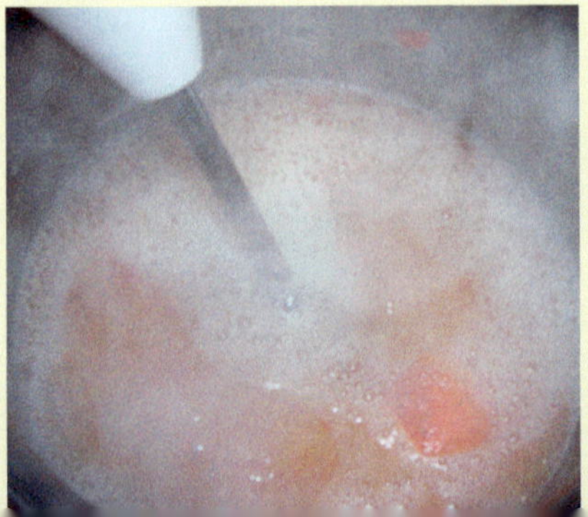

wird der heiße Ansatz mit einem „Mixer“ grob zerkleinert. Bei rotschaligen Äpfeln gehen hier die Schalenfarbstoffe in den Saft über, die später zu einer angenehmen Rotfärbung des Endproduktes beitragen.

Danach möglichst schnell auf 40 °C abkühlen und Pektinenzym zugeben (Dosierung 1-2 ml/l). 30 Minuten bei 40 °C halten, danach abpressen und schnell kühlen.

Ausbeute

- ungefähr 700 ml Saft
- ungefähr 50 g Pressrückstand

Durch die Erwärmung und Enzymbehandlung gehen die Schalenfarbstoffe in den Saft über. Lassen Sie den Saft 2 Stunden absetzen, danach ziehen Sie den geklärten Saft vom Trub ab.

Zur Herstellung von einem Liter Likör werden 650 ml Saft, 250 ml Apfelbrand (80 Volumenprozent) und 100 ml Invertzuckersirup langsam miteinander vermischt. Abgeschmeckt wird mit reichlich klarem Zitronensaft oder Zitronensäure bis ein harmonische Zucker-Säure-Verhältnis erreicht ist.

Stellen Sie größere Mengen her, so können Sie die Früchte direkt mit einem Muser in die heiße Flüssigkeit einrühren. Empfehlenswert ist diese Tätigkeit in der kälteren Jahreszeit durchzuführen, damit größere Ansatzmengen nicht zu lange bei hohen Temperaturen stehen müssen.

Der Alkoholgehalt des Likörs beträgt ungefähr 18 Volumenprozent.

Wenn Sie mehr wissen möchten:
Farbatlas Alte Obstsorten. W. Hartmann/ E. Fritz.
4., überarbeitete Auflage mit Schnittbildern, 2011, 318 Seiten, 445 Farbfotos, geb.

ISBN 978-3-8001-7634-2

Der Saft klärt sich aufgrund der vorangegangenen Entpektinisierung schnell und gut.

Birnenlikör

In der Mitte des 18. Jahrhunderts wurde die Grundlage für die heute sehr zahlreichen Tafelbirnensorten gelegt. Besonders **aromareiche Birnensorten** wie die Williamsbirne haben einen Siegeszug in der Welt der Destillate und Liköre angetreten, jedoch können Sie mit der folgenden Rezeptur natürlich alle Tafelbirnen zu einem aromatischen Likör verarbeiten.

Zutaten

- 0,5 Liter Birnensaft – am besten einen klaren Saft verwenden
- 500 g reife Birnen – nicht überreif, das Fruchtfleisch darf noch nicht mehlig sein, am besten eignen sich Williamsbirnen
- 250 ml hochprozentiger Birnenbrand 80%ig
- 100 ml Zuckersirup
- Pektinenzym
- Zitronensäure

So wird's gemacht

Erhitzen Sie den Birnensaft auf 80 °C und schneiden Sie die gewaschenen, abgetrockneten und entstielten Birnen in ungefähr 1 cm dicken Scheiben direkt in die heiße Flüssigkeit. Alle Früchte sollten mit Saft bedeckt sein und die Temperatur bis zum Einschneiden der letzten Birne noch etwa 2 Minuten gehalten werden.

Danach möglichst schnell auf 40 °C abkühlen und Pektinenzym (Dosierung 1–2 ml/l) zugeben, 30 Minuten bei 40 °C halten, danach abpressen und schnell kühlen.

Ausbeute

- ungefähr 800 ml Saft
- ungefähr 200 g Pressrückstand

Saft zwei Stunden absetzen lassen, danach ziehen Sie den geklärten Saft vom Trub ab.

Zur Herstellung des Likörs werden 650 ml Saft, 250 ml Birnenbrand (80 Volumenprozent) und 100 ml Zuckersirup langsam miteinander vermischt. Eventuell 50 ml des Invertzuckersirups durch Trockenglukose ersetzen. Mit Zitronensäure abschmecken.

Der Alkoholgehalt des Likörs beträgt ungefähr 18 Volumenprozent.

Die geruchlichen und geschmacklichen Eigenschaften der Williamsbirne sind bei Konsumenten besonders beliebt.

Bereits aufgearbeiteter Birnensaft kann als aromatische Grundlage für den Birnenlikör dienen.

Selbst mit dem Handpressbeutel ist – nach der Inaktivierung von Oxidationsenzymen sowie der Entpektinisierung – ein leichter Ablauf des hellgelben Saftes gewährleistet.

Birnen- / Apfellikör aus Streuobst

Für viele Selbstvermarkter ist die Herstellung von Likören aus Früchten mit regionalem Bezug interessant. Streuobst-Bäume sind Hochstämme und stehen auf Streuobstwiesen oder in Bauerngärten, die Früchte hängen in unerreichbaren Höhen. Hier müssen Sie zur Ernte die Bäume schütteln oder Sie lesen das Fallobst auf. Diese vorwiegend als **Mostobst** bezeichneten Früchte entstammen primitiven Kultursorten, oft entstanden sie aus den kompostierten Pressrückständen der Mostbereitung. Als robuste Sorten verbreiteten sie sich in den entsprechenden Gegenden und haben bis zum heutigen Tag diesen regionalen Bezug nicht verloren.

Nach der Ernte werden die Früchte gewaschen, zerkleinert und schnell abgepresst. Den Presssaft reinigt man von groben Verunreinigungen durch Filtration über Nylon- oder Edelstahlnetze bzw. über Faltenfilter. Nun wird unter Zugabe von Pektinenzym (Dosierung 1–2 ml/l) auf 40 °C erhitzt und eine 15-minütige Rast eingelegt. Dies führt zum Abbau der enthaltenen Pektine, welche sonst die Trubstoffe im Saft stabilisieren. Ist der Abbau erfolgt, setzen sich die Trubstoffe am Boden des Gefäßes ab und der bereits so vorgeklärte Saft kann über dem Trub mit einem Silikonschlauch abgezogen werden. Wenn Sie nun die leichte Braunfärbung im Saft nicht stört, können Sie diese Saftbasis zur Likörherstellung nutzen. Perfektionisten sollten allerdings eine **Schönung** mit Gelatine und Kieselsol durchführen.

Schönung
Hierzu lassen Sie Gelatinepulver zuerst quellen und verdünnen dann die Lösung. Alternativ gibt es bereits fertige Klärgelatinelösungen im Handel. Kieselsol ist fein verteiltes – kolloidales – Siliziumdioxid, welches in Kombination mit Gelatine die Flockung auslöst. Zur Schönung wird in den Saft erst eine Kieselsollösung vorgelegt, die Sie fertig im Handel kaufen können. Dann geben Sie von der Gelatinelösung zu. Kommt also die gelöste Gelatine im Saft mit dem Kieselsol in Kontakt, flockt sie als weißer Schleier sichtbar aus und entfernt dabei während des Absetzens die Trub- und Oxidationsstoffe, die sich somit auf dem Boden des Gefäßes sammeln. Die entsprechenden Dosierungen entnehmen Sie den Herstellerangaben. Nach meiner Erfahrung ist man mit der Herstellerempfehlung für „schwierige Weine“ oder „hohe Dosierung“ immer gut beraten.

Nach der Schönung dauert es noch ungefähr 2 bis 3 Stunden, bis der Saft wieder klar ist. Der geschönte Saft wird über dem Trub abgezogen und eventuell über Falten- oder Schichtenfilter weiter gereinigt – die Saftbasis für den Likör ist fertig.

Schweizer Wasserbirnen – lokale Birnen- und Apfelsorten sind eine beliebte Likörgrundlage.

Durch schonendes Pressen gelangt wenig Trub in den Birnensaft.

Nach dem Pektinabbau setzt sich Trub ab.

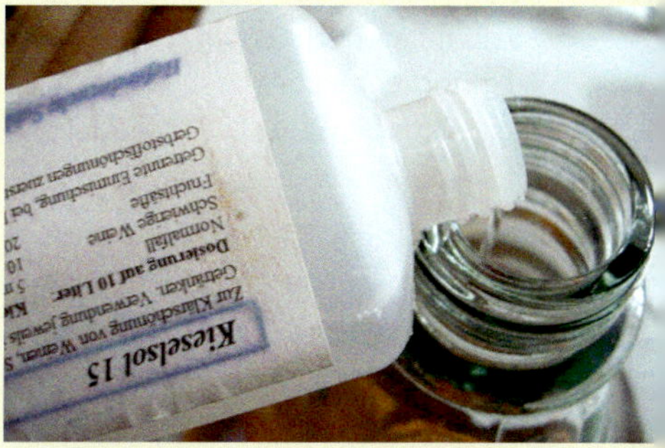

Soll der Birnenlikör farblich aufgehellt und leichte Braunfärbung entfernt werden, ist eine Schönung durch Vorlegen von Kieselsol notwendig.

Flüssige Klärgelatine als zweite Schönungskomponente.

Klärgelatine reagiert mit Kieselsol unter Bildung eines weißen Nebels. Bei diesem Vorgang entstehen feinste Gelatinefestkörper, die Feintrub und Oxidationserscheinungen entfernen.

Likör aus Schweizer Wasserbirnen

Zutaten

- 650 ml Saft aus Schweizer Wasserbirnen – mit Enzymen behandelt und geschönt
- 250 ml Destillat aus Schweizer Wasserbirnen
- 80 ml ml Invertzuckersirup
- 20 g Trockenglukose
- etwas Zitronensäure zur Abrundung

So wird's gemacht

Vermischen Sie Saft, Destillat und Invertzuckersirup. Diesen fertigen Likör machen Sie mit 20 g Trockenglukose sämig. Dazu Trockenglukose mit dem Schneebesen oder dem Zauberstab einrühren. Im größeren Maßstab ein Rühr- und Schneidgerät oder einen Rührer benutzen.

Der Alkoholgehalt des Likörs beträgt ungefähr 18 Volumenprozent.

Nach der gleichen Vorgehensweise können Sie auch aus Mostäpfeln oder Äpfeln von der Streuobstwiese einen wohlschmeckenden Likör herstellen. Die alkoholische Basis ist hier dann ein entsprechender Apfelbrand.

Bereits nach wenigen Stunden bildet sich ein dichter Bodensatz und der geschönte, hellbernsteinfarbene Mostbirnensaft wird durch Abziehen mit einem Schlauch vom Trub genommen.

Apfellikör vom Typ Gewürzapfel

Apfel und Birne lassen sich mit Gewürzen gut kombinieren, wenn die harmonische Dosierung der Zutaten eingehalten wird. Die Frucht steht dabei immer noch im Vordergrund, die Gewürze verfeinern und unterstützen den Gesamteindruck.

Zutaten

- 700 ml Apfelsaft
- 300 ml hochprozentiges Apfeldestillat
- 100 ml Invertzuckersirup
- Zimt, Sternanis und Koriander nach Geschmack

Die Zutaten ergeben etwas mehr als einen Liter Likör, da die Gewürze etwa 100 ml Flüssigkeit aufnehmen.

So wird's gemacht

Dies ist ein einfaches und schnelles Rezept für den Hausgebrauch, das vor allem in den Wintermonaten schmeckt. Sie vermischen 700 ml Apfelsaft, der am besten schon geklärt ist, mit 300 ml hochprozentigem Apfelbrand und geben 2 Stangen Zimt, 5 Sternanis und eine Prise Koriander dazu. Dieser Ansatz muss eine Woche kühl und dunkel lagern. Danach werden die Feststoffe über einen groben Faltenfilter entfernt. In der Regel bleiben 900 ml Flüssigkeit übrig, die nun mit 100 ml Invertzuckersirup gesüßt und eventuell mit Zitronensäure korrigiert werden. Zur Konsistenzverbesserung können Sie noch 50 g Trockenglukose in das fertige Produkt einrühren.

Der Alkoholgehalt des Likörs beträgt ungefähr 20 Volumenprozent.

Apfel und Gewürze – eine gelungene Kombination für die kalte Jahreszeit.

Quittenlikör

Seit einigen tausend Jahren kultiviert, zählt die Quitte zu den ältesten Obstarten. Ihr Wohlgeschmack und ihre heilende Wirkung sind seit Jahrhunderten bekannt und geschätzt, wobei unter Kennern von Destillaten und Likören vor allem der liebliche und einzigartige Geruch geschätzt wird.

Besonders intensiv duften kleine **Apfelquitten**, die man oft als Halbstämmchen in Vor- und Hausgärten findet. Bei der Nachreifung in Kisten, die nach der Ernte etwa 10 bis 14 Tage erfolgen sollte, können Sie etwas von dem Geruch erahnen, der das spätere Endprodukt kennzeichnet. Nie darf das Fruchtfleisch während der Lagerung braun werden.

Auch **Birnenquitten** und **Zierquitten** eignen sich zur Likörherstellung.

Zutaten

- 700 g vollreife Quitten
- 250 ml Birnensaft
- 250 ml Alkohol (Quitte, Birne oder Neutralalkohol 80- bis 96%ig)
- 150 ml Invertzuckersirup
- 50 g Trockenglukose
- Pektinenzym und Zitronensäure

So wird's gemacht

Die Quitten werden gewaschen, enthaart, in Streifen geschnitten und sofort in ein vorbereitetes Gefäß mit kochendem Birnensaft gebracht. Legen Sie nur soviel Saft vor, dass am Ende die gesamten ins Gefäß gedrückten Früchte vom Saft abgedeckt sind (entspricht ungefähr 250 ml). Dann erwärmen Sie die Mischung auf 80 °C und zerkleinern die Fruchtstücke grob mit dem Zauberstab. Danach lassen Sie die Maische auf

Die Quitten müssen vor der Verarbeitung gewaschen und abgerieben werden.

Hier ist die oxidative Braunfärbung des Fruchtfleisches im Vergleich zur Likörbasis deutlich erkennbar.

40–45 °C abkühlen und rühren einige Tropfen Pektinenzym (Dosierung 1–2 ml/l) unter. Bei 20–25 °C wird die Maische abgepresst. Sie werden erstaunt sein, wie viel Saft den Quitten zu entlocken ist und welch schöne hellgelbe Farbe dieser Saft hat. Kein Vergleich zu den üblichen oxidierten, braunen Produkten oder den aromatisierten, gefärbten Likören im Handel. Die Farbe entspricht der Hautfarbe und dem Fruchtfleisch der Rohware. Ebenso ist es mit dem Geruch und Geschmack.

Ausbeute

- ungefähr 700 ml Saft
- ungefähr 250 g Pressrückstand

600 ml des flüssigen Fruchtauszuges werden nun mit 150 ml Invertzuckersirup gesüßt. Um einen charakteristischen Geruch entstehen zu lassen, muss die alkoholische Basis zumindest 20 % Quittendestillat enthalten. Je mehr Quittendestillat zugefügt wird, desto besser. Insgesamt empfehle ich ungefähr 250 ml Alkohol, bei Neutralalkohol genügen 200 ml und eine entsprechend höhere Saftmenge, wobei – wie schon erwähnt – eine Mischung aus Neutralalkohol und Quittendestillat die geruchlich optimale Alternative ist. Den Likör machen Sie mit Trockenglukose sämig. Es entsteht ein qualitativ hochwertiger Likör, der sicher so schnell getrunken werden wird, dass man über die Lagerung kein Wort zu verlieren braucht und der Hersteller mit Sicherheit der nächsten Ernte mit Freunden entgegensieht.

Der Alkoholgehalt des Likörs beträgt ungefähr 18 Volumenprozent.

Der Saft klärt sich aufgrund der vorangegangenen Entpektinisierung schnell und gut. Das Endprodukt ist fast zitronengelb, dunkelt allerdings etwas nach.

Beeren- und Wildfruchtliköre

Kultivierte und wild wachsende Beeren stellen ein riesiges Potential für die Likörbereitung dar. Kultursorten wie **Erdbeere**, **Himbeere** und **Johannisbeere** sind allgemein bekannt und auch Liköre dieser Früchte sind schon beinahe traditionelle Produkte auf dem Markt.

Neben diesen uns wohl bekannten Beerensorten kommen für die Likörbereitung noch weitere weniger bekannte Wildfrüchte in Frage. Als Stammpflanze unserer heute angebauten Pflaumen gilt der **Schlehdorn**, den man heute in Deutschland beispielsweise auf den nährstoffarmen Kalkböden der Schwäbischen Alb findet. In sonnigen Lagen an Waldrändern oder Hecken reifen auf den bis zu 5 m hohen Sträuchern schwarzblaue, wachsartig überzogene Beeren, die in Einzelfällen bis zu 18 mm Durchmesser erreichen können. Einen interessanten Kontrast zum intensiven Blau der Haut bildet das intensiv grün gefärbte Fruchtfleisch mit seinem saueren, Geschmack, der alles zusammenzieht, dies nennt man auch adstringierend. Wichtig ist es, die Früchte bereits in diesem Stadium zu ernten. Überreife und schon bräunliche Früchte – wie sie traditionell nach den ersten Frosttagen verarbeitet werden – sind für die Likörherstellung nicht geeignet, da es hierbei wichtig ist, den Charakter der Schlehe möglichst authentisch im Destillat oder im Likör einzufangen und dort nicht bereits oxidierte, bräunliche Noten einzubringen. So ist ein Schlehenlikör aus vollreifen Früchten geprägt von den Gerbstoffen, die eine adstringierende Wirkung im Gaumen und auf der Zunge zeigen.

Einen ähnlichen Geschmack und eine noch intensivere Farbe zeigen Liköre aus **Apfelbeeren** (*Aronia*). Sie gehören zur Familie der Rosengewächse und sind oft als Ziersträucher in Gärten und öffentlichen Anlagen beheimatet.

Extrakte aus Apfelbeeren (Aronia) sind natürliche Pflanzenfarbstoffe für Lebensmittel. Aufgrund der enormen Farbausbeute ist der Likör aus diesen Früchten von einzigartig schwarzblauer Farbe.

Farbe, Gerbstoffe und Säure stellen ideale Voraussetzungen für die Likörbereitung dar – in Schlehen sind all diese Inhaltsstoffe reichlich vorhanden.

Viele Leute wissen nicht, dass man die Früchte verzehren kann. Die violetten, kleinen Früchte ähneln den Ebereschen, sind 6–10 mm groß und werden oft bereits im August für die Likörbereitung geerntet. Der Saft der Apfelbeeren ist so stark färbend, dass er sogar als Lebensmittelfarbstoff verwendet wird – Flecken auf Kleidern und Tischplatten sind daher nur schwer wieder zu entfernen!

Interessant durch die ebenso intensive rote Farbe, aber mit wesentlich weniger Gerbstoffen und eher geprägt von überwältigender Säure ist die **Kornelkirsche**. Als Ziergehölz findet das Hartriegelgewächs weite Verbreitung und die länglichen, bei der Ernte tiefroten Früchte mit ebenso länglichem, hellem Stein liegen oft massenhaft und ungenutzt auf Wegen in Gärten und Parks. Die Ernte der Früchte für die Likörbereitung erfolgt erst im tiefroten Zustand. Der Likör muss aufgrund der intensiven Fruchtsäuren etwas stärker als üblich gesüßt werden.

Neben den hier nur exemplarisch vorgestellten Beeren können beispielsweise **Sanddorn** und **Maulbeere** – ja eigentlich alle kultivierten und wild wachsenden, essbaren Beeren und Früchte auf der Basis der folgenden Rezeptur verarbeitet werden.

Beeren- oder Wildfruchtlikör

Zutaten

- 600 ml Beerensaft, selbst erzeugt aus 1200 g Beeren
- 250 ml hochprozentiger Alkohol
- 100 ml Invertzuckersirup
- 50 g Trockenglukose
- Pektinenzym und Zitronensäure

So wird's gemacht

Vor der Verarbeitung müssen alle Beeren entrappt und grüne Teile entfernt werden, da der fertige Likör sonst grasig-herbe Geschmacksstoffe enthält. Bei Erdbeeren sollten ebenfalls keine grünen Bestandteile mit in die Verarbeitung gelangen. Die Früchte müssen sauber und staubfrei sein. Auch die Verarbeitung von **gefrorenen Beeren** ist möglich.

Zu Beginn werden die Beeren auf 40 °C erwärmt. Bei sehr trockenen Früchten wie z.B. Schlehen ist es ratsam, etwas Wasser oder Traubensaft vorzulegen. In dem gewählten Gebinde, vorzugsweise einem Edelstahlbehälter, erfolgt eine mäßige Zerkleinerung entweder durch sanftes Rühren oder bei größeren Mengen durch Einsatz eines Rührers, eines Rühr- und Schneidgerätes oder einer Obst- und Beerenmühle mit Quetschwalzen. Die Früchte dürfen dabei nicht zu stark zerkleinert sein, da sie ansonsten später nicht mehr zu pressen sind. Ab einer Temperatur von 25 °C kann Pektinenzym zugesetzt werden. Es empfiehlt sich Pektinenzympräparate (Dosierung 1–2 ml/l) für die Saftgewinnung einzusetzen. Erhitzen Sie den Fruchtbrei auf 40 °C. Nun ist eine Haltezeit von bis zu 90 Minuten notwendig, um den Pektinabbau vollständig zu gewährleisten. Zum Test kann eine Probe des Fruchtbreis mit

Im industriellen Maßstab werden die Beeren in großen Töpfen auf Hockerkochern mit dem Rühr- und Schneidgerät grob zerkleinert.

Für die Likörbereitung im Haushalt sind Elektroherd plus Kochtopf – nach vorhergehendem Quetschen der Früchte – ausreichend.

Neutralalkohol versetzt werden – erst wenn sich beim Zusammentreffen der Flüssigkeiten kein Gel mehr bildet, sind die Pektine vollständig aufgelöst.

Ist dies der Fall, wird sofort abgepresst. Bei größeren Mengen hat sich eine Hydropresse mit Presstuch bewährt. Schon während des Befüllens der Presse läuft eine beachtliche Menge des bereits blanken Saftes ab. Der Pressvorgang darf nur so lange betrieben werden, wie ein nahezu trubfreier Saft abläuft. Sobald der Druck zu hoch wird und Fruchtfleisch aus der Presse austritt, wird abgebrochen. Normalerweise presst man ungefähr 50 % der eingefüllten Menge als Saft ab, der sofort kalt gelagert wird.

Den restlichen Trester können Sie , wenn eine **eigene Brennerei** vorhanden ist, wie folgt weiterverarbeiten: Holen Sie den Trester aus der Presse und geben Sie diesem nach dem Abkühlen Neutralalkohol im Verhältnis 3:1 zu. Nach gründlicher Durchmischung wird so schnell wie möglich – am besten noch am selben Tag – unter Zugabe von reichlich Wasser abdestilliert. Der hochprozentige Mittellauf dieser Destillation dient später als alkoholische Basis für den Likör und sorgt dort für den fruchtigen, eleganten Geruch.

Haben Sie keine Möglichkeit zum Ansetzen der Trester mit Alkohol und zum anschließenden Abdestillieren, so können Sie die Pressrückstände wie bereits oben genannt mit Hefe versetzen, vergären und zum Brennen in eine Brennerei bringen.

Bis die alkoholische Basis hergestellt ist, muss der Saft gekühlt oder eingefroren werden. Das alkoholische Tresterdestillat, der Saft und die Invertzuckerlösung sind die Grundbestandteile des Likörs. Die Zugabe von Trockenglukose und Zitronensäure erfolgt nach Bedarf im fertigen Likör. Beides ist abhängig von der jeweiligen Beerenart. Schwarze

Die auf 40–45 °C erwärmte und mit Pektinenzym aufgeschlossene Beerenmaische kommt noch warm in die Presse.

Hydropressen arbeiten mit einer Membran und Wasserdruck. Ein schonendes Pressen der Beerenmaischen ohne große Trubmengen ist möglich.

Johannisbeeren brauchen keinen Zusatz, bei Erdbeeren ist sowohl Trockenglukose als auch Zitronensäure erforderlich. Hier ist der individuelle Geschmack des Produzenten gefragt.

Der Alkoholgehalt des Endproduktes liegt wiederum bei etwa 18 Volumenprozent.

Bei kleineren Mengen lohnt sich die Weiterverarbeitung der Pressückstände nicht. Hier presst man stärker aus und versetzt den Saft mit bereits vorhandenem Sortenalkohol. Bei der Herstellung von Schlehenlikör eignet sich so z.B. Kirsch- oder Zwetschenwasser als Alkoholkomponente. Der Schlehentrester kann wie oben genannt verarbeitet werden.

Tipp: Nie Kernobstdestillat für Liköre aus Früchten mit mandelartigen Geschmackskomponenten (z.B. Schlehen, Apfelbeeren, Kornelkirschen) verwenden.

Da gerade Schlehen fast geruchlose Früchte sind und der Schlehenlikör vom gerbstoffgeprägten Geschmack, der Säure und Farbe lebt, kann somit ein passender, leicht bittermandelgeprägter Geruch mit dem Destillat aus Kirschen oder Zwetschen eingetragen werden. Bei allen anderen Früchten ist vor der Verwendung der alkoholischen Komponente zu prüfen, ob die Sorteneigenschaften der gebrannten Früchte mit den Eigenarten der für den Likör verwendeten Früchte harmonieren. **Wichtig ist, dass der Sortenalkohol immer zur Ausgangsfrucht des Likörs passt.**

Zur Herstellung nach diesem Verfahren eigenen sich alle Beerensorten. Auch Beerenkombinationen sind möglich. Ein schönes Beispiel hierfür ist ein Erdbeer-Rhabarber-Likör.

Die Rezepte wurden mit folgenden Früchten und Alkoholarten getestet:

- Apfelbeeren (Neutralalkohol oder Kirschwasser)
- Brombeere (Neutralalkohol)
- Erdbeeren (Neutralalkohol, neutralisierter Apfelbrand)
- Feigen (Neutralalkohol)
- Felsenbirne (Neutralalkohol, Kirschwasser oder eventuell Birnenbrand)
- Heidelbeeren (Neutralalkohol)
- Himbeeren (Neutralalkohol, neutralisierter Apfelbrand)
- Johannisbeeren rot und schwarz (Neutralalkohol)
- Jostabeeren (Neutralalkohol)
- Kornelkirschen (Neutralalkohol, Kirschwasser)
- Maulbeere (Neutralakohol)
- Melonen (Neutralalkohol)
- Rhabarber (Neutralalkohol)
- Schlehen (Zwetschen- oder Kirschwasser)
- Vogelbeeren (Neutralalkohol)

Johannisbeerliköre gibt es aus schwarzen, roten und weißen Beeren. Alle müssen jedoch vorher abgerebelt und von grünen Teilen befreit werden.

Nach diesem Verfahren kann man Beerenliköre in allen Größenordnungen herstellen:

- Im kleinen Maßstab in der Küche arbeitet man mit „Zauberstab", Kochtopf und Handpressbeutel.
- Ab 20 kg Früchten kann schon mit Rühr- und Schneidgerät, Obst- und Beerenmühle, Hockerkocher und Hydropresse gearbeitet werden.
- Für die Verarbeitung großer Mengen sind Hydropressen um die 120 Liter Volumen ideal. Hier können Chargen von etwa 100 kg aufgeschlossener Früchte verarbeitet werden.

Sind die Früchte – vor allem bei Schlehen kann dies vorkommen – in manchen Jahren sehr trocken, müssen Sie etwas Flüssigkeit in Form von Saft zugeben. Bewährt hat es sich, eine Menge von etwa 10 % Traubensaft in Bezug auf die Gesamtmenge einzusetzen.

Steinobstliköre

Kirschlikör

Wie viele andere Früchte gelangten auch die Kirschen durch die Römer nach Deutschland. Die heutzutage vorliegende Sortenvielfalt ist immens.

Für die Likörbereitung eignen sich besonders die weich- und dunkelfleischigen **Herzkirschen**, dunkelfleischige **Brennkirschen**, bei den Sauerkirschen alle einen färbenden Saft ergebenden **Weichselkirschen**. Andere Sorten sind ebenfalls geeignet, bringen jedoch von der Farbe her geringe optische Einbußen.

Diese Rezeptur gibt deshalb besonders bei dunkelfleischigen Früchten einen sehr farbstoffintensiven, dichten Likör. Die Früchte werden mit Quetschwalzen oder dem Rühr- und Schneidgerät angequetscht und danach – kleinere Mengen im Handpressbeutel, größere Mengen in der Hydropresse

Kirschen verarbeitet man direkt nach der Ernte. So ist eine optimale Qualität garantiert.

– abgepresst. Der Saft muss frei sein von festen Bestandteilen, ansonsten wird noch über ein Sieb oder einen Nylonbeutel abgeseiht. Danach kommt der Saft sofort in den zur Erhitzung vorbereiteten Behälter und wird um 20 % eingedickt. In der Endphase des Kochvorganges gibt man die benötigte Zuckermenge zu und kocht diese einige Minuten mit, um eine Invertierung zu erreichen. Das ist eine Spaltung der Saccharose in Glukose und Fruktose, die bereits im Kapitel Zucker bei der Herstellung des Invertzuckersirups beschrieben wurde (siehe Seite 19 f.).

Tipp: Zur Verbesserung der Saftausbeute können Sie die gequetschten Kirschen mit Pektinenzym (Dosierung 2 ml/l) versetzen und nach einer halben Stunde abpressen.

Zutaten

- 1 Liter Kirschsaft (aus ungefähr 1,8 kg Kirschen gepresst)
- 100–200 g Zucker
- 300 ml hochprozentiges Kirschwasser

So wird's gemacht

Kochen Sie einen Liter Kirschsaft auf 800 ml ein und lösen Sie einige Kristalle Zitronensäure sowie je nach Geschmack am Ende des Kochvorganges 100 bis 200 g Zucker darin. Die Zitronensäure dient hier nicht zur geschmacklichen Abrundung, sondern trägt zur Invertierung des Haushaltszuckers (Saccharose) bei. Alte Rezepturen geben bis zu 800 g Zuckerzusatz an, was jedoch eindeutig zu viel ist. Nach dem Abkühlen 700 ml eingedickten Saft und 300 ml hochprozentiges Kirschwasser mischen. Die Konsistenz dieses Likörs muss nicht durch Glukosesirup oder Trockenglukose verbessert werden, da durch das Eindicken und die Zuckerzugabe bereits eine

Zuerst wird Kirschsaft gewonnen. Das Pressen wird erleichtert, wenn Pektinenzyme zum Einsatz kommen.

Nach dem Pressen erfolgt das Eindicken des Saftes zur Anreicherung der Inhaltsstoffe und Zerstörung von Oxidationsenzymen.

ausreichende Konsistenzverbesserung erreicht ist. Wichtig ist bei Kirsch- und Wildkirschlikören das Abschmecken mit Zitronensäure, da die Früchte oft säurearm und der Likör entsprechend fade ist. Sauerkirschliköre sind von Natur aus frisch und besitzen ein harmonisches Zucker-Säure-Verhältnis.

Die Haltbarkeit dieses Produktes ist sehr gut, da durch die Erhitzung die Oxidationsenzyme ausgeschaltet sind und durch die Eindickung in Verbindung mit dem Alkoholzusatz ebenfalls eine konservierende Wirkung eingetreten ist. Den fertigen Likör lässt man einige Tage kühl und dunkel ruhen und zieht dann den geklärten Likör vom Satz ab. Dieser kann noch über einen groben Faltenfilter fein geklärt werden. Das erhaltene Filtrat gibt man zum bereits vorhandenen Likör dazu, der Filterrückstand wird verworfen. Der Alkoholgehalt des Kirschlikörs kann auf bis zu 30 Volumenprozent eingestellt werden. Dazu verringert man den Saftanteil auf 600 ml und gibt 400 ml hochprozentiges Kirschwasser zu. Durch den etwas höheren Alkoholgehalt kann man die sensorischen Qualitätsmerkmale hervorheben.

Liköre aus Pflaume, Zwetsche, Mirabelle, Aprikose und Pfirsich

Liköre aus diesen Steinobstfrüchten sind aufgrund der feingliedrigen Fruchtcharakteristik und der hohen Oxidationsempfindlichkeit besonders schwierig herzustellen. Gute Qualitäten sind selten zu finden. Die hier beschriebene Rezeptur zeichnet sich durch sofortigen Oxidationsschutz in saurer Lösung mit nachfolgender Inaktivierung von Oxidationsenzymen durch Erhitzung aus.

Wichtig ist hier wieder der Reifezustand der Früchte – vollreif, aber noch fest. Bei Zwetschen, Pflaumen und Mirabellen darf die Haut am Stielansatz noch keine Falten haben, das Fruchtfleisch muss ohne Braunfärbung fruchtig glänzen. Bei Aprikosen und Pfirsichen lohnt die Likörbereitung nur aus aromatischen, reifen Früchten, die ebenfalls auf keinen Fall überreif sein oder braune Faulstellen haben dürfen.

Zutaten für den Saftextrakt

- 1 kg Früchte
- 100 ml Wasser
- 5 g Zitronensäure
- 400 g Zucker
- Pektinenzym

Zutaten für den Likör

- 800 ml Saftextrakt
- 150 ml Neutralalkohol
- 50 ml Sortenalkohol der jeweiligen Frucht

Tipp: Die Zuckermenge kann zwischen 200 und 400 g variieren und ist vom Geschmack des Herstellers abhängig.

So wird's gemacht

Für den Saftextrakt erwärmen Sie 100 ml Wasser mit 5 g Zitronensäure auf 40 °C. Entsteinen Sie die Früchte und geben Sie sie sofort in die warme, saure Lösung. Anschließend geben Sie Pektinenzym zu (Dosierung 3 ml/l). Grob zerkleinern, nach 15 Minuten abpressen und Saft sofort zum Kochen erhitzen. Kochen Sie den Ansatz solange, bis etwa 20 % Flüssigkeit verdampft sind. Jetzt erfolgt die Zugabe des Zuckers. Das Ganze lassen Sie weitere 2 Minuten kochen, anschließend schöpfen Sie den Schaum ab.

Lassen Sie die Lösung abkühlen, anschließend filtrieren und mit Alkohol versetzen. Für Spitzenqualitäten dürfen Sie nur hochprozentigen Sortenalkohol der jeweiligen Frucht einsetzen, mindestens jedoch 50 ml/l davon in Verbindung mit Neutralalkohol.

Pflaumen und Zwetschen können ähnlich wie Kirschen verarbeitet werden (Bühler Zwetschen).

Steine sind zumeist unerwünscht und liefern intensive Bittermandelnoten.

Liköre aus anderen Früchten

Likör aus Hagebutte/Rose

Hagebutten sind die Früchte von Rosen. Es gibt spezielle Sorten, die für die Hagebuttengewinnung gezüchtet wurden, aber auch die Früchte vieler Wildrosenarten können genutzt werden. Von der gemeinen Heckenrose – der Hundsrose – bis zur Pillnitzer Vitamin-Rose ist ein breites Sortenspektrum verfügbar. Ideal ist die Kombination von Blüten kultivierter Edelrosen mit Früchten der Wildrosen.

Das Aroma der Hagebutten ist schwierig einzufangen und etwas derb und hart. Genauso fremdartig und hart präsentiert sich die aufgeschlossene Frucht im Likör. Um dies zu verbessern, wird bereits zur Blütezeit vieler Rosen im Juni ein alkoholischer **Ansatz der Blütenblätter** von Duftrosen gemacht, dieser dient später als alkoholische Basis für den Hagebuttenlikör. Die Kombination aus Rosenblüten und deren Früchten in Form der Hagebutten ist – ähnlich wie beim Holunder – ideal für komplexe, feingliedrige Liköre. Zum Ansatz werden die Blüten in einen Weithalsglasballon geschichtet und mit hochprozentigem Alkohol (Neutralalkohol oder Apfelbrand) benetzt. Nach 14-tägiger kühler und dunkler Lagerung ist die Auslaugung beendet und der Ansatz kann abfiltriert werden, dabei werden die Blüten leicht ausgepresst. Dieser Auszug ist die alkoholische Basis für den Hagebuttenlikör der folgenden Rezeptur.

Zutaten

- 500 ml Hagebuttenextrakt (aus 600 ml Apfelsaft und 400 g frischen Hagebutten)
- 300 ml Blütenansatzalkohol
- 150 ml Zuckersirup
- 50 ml Trockenglukose
- Pektinenzym
- Zitronensäure

So wird's gemacht

Die vollreifen Hagebutten werden zuerst vom dunklen Blütenansatz und vom Stiel befreit und dann in einem Topf eben mit klarem Apfelsaft bedeckt. Die Mischung wird kurz bis zum Sieden erhitzt und mit einem Zauberstab in der Hitze grob gestückelt. Ist die Mischung auf 40 °C abgekühlt, wird das Pektinen-

zym (Dosierung 3 ml/l) zugefügt. Nach Abkühlung auf Zimmertemperatur lässt man die Maische 8 Stunden stehen und presst danach aus. 500 ml Saft mit 150 ml Zuckersirup und 50 g Trockenglukose versetzen und 300 ml Blütenansatzalkohol zufügen. Mit Zitronensäure abschmecken.

Holunderlikör

Der schwarze Holunder ist bei uns noch weit verbreitet. Der Holunder ist im Brauchtum verankert und auch heute sind noch viele seiner mystischen Eigenschaften bekannt. So soll beispielsweise ein Holundergehölz am Haus oder im Hausgarten den Bewohnern Schutz vor Ungeziefer und Geistern bieten. Bereits Ende Mai/Anfang Juni, bei der Holunderblüte, müssen Sie die Vorbereitungen für Ihren Holunderlikör treffen, um den Sirup anzusetzen.

In den Blättern, den unreifen Beeren sowie den Samen der reifen Beeren kommt **Sambunigrin** vor. Seine toxische Wirkung entsteht durch Abspaltung von Blausäure. Aus diesem Grund sollten Sie so wenig unreife Beeren wie möglich mit verarbeiten. Um das giftige Sambunigrin auszuschalten, ist Holunderlikör einer der wenigen Liköre, dessen Saftbasis mit dem Entsafter hergestellt werden kann. Die Zerstörung des Giftes erfolgt durch Hitze – also Dampfentsaften oder eine Einwirkzeit von 20 Minuten bei 80 °C einhalten. Bei der Dampfentsaftung werden zusätzlich die Pektine durch die große Hitze zerstört. Zum Abrebeln der Beeren reibt man die Dolden über ein gespanntes Drahtgeflecht. Für größere

Hagebuttenmaische. Früchte der Pillnitzer Rose beim Pektinaufschluss.

Mengen stehen Maschinen zum Traubenabbeeren mit speziellen Einsätzen zur Verfügung.

Holundersaft mit Maischeerhitzung:
1,5 kg frische, abgerebelte Beeren anquetschen und für 20 Minuten auf 80 °C erhitzen. In der Abkühlphase bei 40 °C Pektinenzym (Dosierung 1–2 ml/l) zugegeben und nach 15 Minuten Einwirkdauer abpressen. Saft kühlen. Ergibt etwa 1 Liter Saft zur Likörbereitung. 800 ml von diesem Saft mit 200 ml Invertzuckersirup versetzen.

Holundersaft mit dem Dampfentsafter:
3 kg frische, abgerebelte Holunderbeeren mit 450 g Zucker mischen. Beeren in den Fruchtteil des Dampfentsafters geben und diesen zum Kochen bringen. Nach 20 Minuten einen halben Liter Saft abrinnen lassen und diesen oben wieder einfüllen. Vorsicht! Den Saftbehälter nicht überfüllen. Nach 40 Minuten ist der Holunder fertig ausgelaugt und der Saft kann entnommen werden. Ergibt ungefähr 2 Liter für den Likör brauchbaren Holundersaft.

Holunderblütensirup zur Abrundung:
2 kg Zucker in 2 Liter Wasser lösen. Darin 50 g Zitronensäure und 2 Hand voll Blüten für 8 Stunden bis 4 Tage – je länger, desto mehr Aroma – einlegen, Schaum bzw. Pollen abschöpfen, dann durch ein Tuch in Flaschen füllen. Eventuell heiß bei 78 °C abfüllen. Flaschen kühl und dunkel lagern. Der Sirup dient später zum Abrunden des Likörs.

So wird's gemacht

Für einen Liter Likör nehmen Sie 700 ml des bereits gezuckerten Holundersaftes und versetzen Sie diesen mit 100 ml Holunderblütensirup. Danach 200 ml Neutralalkohol zugeben und eventuell mit Zitronensäure abschmecken. Der Likör hat jetzt bereits eine gute Konsistenz.

Holunderblüten dienen als Rohware für Holunderblütensirup und Holunderblütenlikör.

Vor dem Extrahieren müssen Sie die Blüten von den grünen Stielen entfernen. Hier hat sich ein grober Kamm zur Arbeitserleichterung bewährt.

Mispellikör

An sonnigen Hängen und Waldrändern findet man die Mispel, mittlerweile wird sie auch in Kulturen angepflanzt. Diese seltene und geschichtsträchtige Frucht gehört – botanisch gesehen – zu den sogenannten Sammelsteinfrüchten. Die ledrig-braune Frucht ähnelt einem kleinen Apfel, enthält bis zu 10 % vergärbare Zucker und einen beträchtlichen Stärkeanteil.

Zum menschlichen Genuss oder auch zur Verwendung in der Brennerei eignen sich die Mispeln erst nach einer Nachreife, die entweder direkt am Gehölz oder durch eine Lagerung der Früchte erfolgt, wobei es vorteilhaft ist, wenn ein Frost darüber gegangen ist. Oft erfolgt die Nachreifung durch Lagerung der Früchte auf Stroh. Während der Nachreifung finden Fermentationsprozesse statt, wodurch die Früchte milder, ungeahnt saftig und aromatisch werden. Durch den hohen Gerbstoffgehalt der Früchte, wurden sie früher – genauso wie der Speierling – Obstweinen zugesetzt, um deren Klärung zu verbessern. Der Pektingehalt der Mispeln ist recht hoch, daher ist eine Enzymbehandlung notwendig.

Für die Likörbereitung dürfen die Früchte **nicht nachgereift** werden. Frisch vom Baum, mit zartgelbem Fruchtfleisch und einem zitrusartigen Duft sind sie ideal für einen herb-fruchtigen Likör – Zitronenduft in der Nase und adstringierende Gerbstoffe am Gaumen prägen den Mispellikör.

Zutaten für den Mispelextrakt

- 0,5 kg Mispeln
- 0,5 Liter Apfel- oder Birnensaft
- Pektinenzym

Zutaten für den Likör

- 650 ml Mispelextrakt
- 100 ml Invertzuckersirup
- 50 g Trockenglukose
- 200 ml Neutralalkohol oder Mispelbrand bzw. Mispelgeist eventuell aus den Pressrückständen

So wird's gemacht

Die am Baum ausgereiften, noch harten Mispeln schneiden Sie in Teile und legen diese schnell in kochenden Apfel- oder Birnensaft ein.

Lassen Sie das gesamte Gemisch 2 Minuten kochen. Anschließende Abkühlung auf 40 °C und Zugabe von Pektinenzym (Dosierung 1–2 ml/l).

Nach weiterer Abkühlung Abpressen der Maische und Zugabe von Zucker und Alkohol gemäß Zutatenliste. Man erhält einen leicht gelblich gefärbten Likör mit zitrusartigen, adstringierenden Noten am Gaumen. Bei den Mispeln spielt der verwendete Alkohol eine große Rolle. Bei der Verwendung von Neutralalkohol kommt die zitrusartige Frische der Mispel schön zur Geltung. Ideal ist es, zur Aufbesserung des Geruchs 50 ml Neutralalkohol durch Mispelbrand oder Mispelgeist zu ersetzen.

Mispeln müssen – im Gegensatz zur Maischebereitung für Destillate – für die Likörbereitung noch fest, hell und zitrusartig duftend sein.

Traubenlikör

Unter den Trauben sind alle Traminer und Muskatsorten mit intensivem Eigenaroma zur Likörbereitung besonders geeignet. Weiterhin können Sie auch viele robuste Rebsorten, die im Hausgarten oder an Hauswänden gezogen werden, verwenden. Aus Sorten wie „Isabella“, „Muscat bleu“, „Uva fragola“ oder den robusten russischen Reben („Mitschurinsky“) erhält man durch deren parfümierte Eigenaromen besonders charakteristische und fruchtige Produkte.

Zutaten

- 600 ml Saft aus 1,5 kg aromatischen Trauben, auch Tafeltrauben oder „Hausreben“
- 200 ml hochprozentiger Traubenbrand
- 50 ml Traubentresterdestillat hochprozentig (kann durch Traubenbrand ersetzt werden)
- 100 ml Invertzuckersirup
- 50 g Trockenglukose
- Pektinenzym
- Zitronensäure

So wird’s gemacht

Die Trauben werden abgebeert, gequetscht und für 1 Stunde mit Pektinenzym auf 40 °C erwärmt. Die Maische weitere 24 Stunden bei 15–20 °C stehen lassen. Durch die lange Extraktionszeit erhält man eine sehr schöne Farbausbeute und eine vollständige Aromaauslaugung. Nach dem Abpressen lässt man den Saft ruhen und zieht nach etwa 2 Stunden den klaren Überstand vom Trub ab. 600 ml Saft mit 200 ml Traubendestillat und 100 ml Invertzuckersirup mischen. Eventuell verfeinern mit 50 ml Traubentresterdestillat, das zu einer etwas würzigeren Ausprägung des Likör führt. Den fertigen Likör mit 50 g Trockenglukose sämig machen und mit Zitronensäure abschmecken.

Bei manchen Rebsorten mit hohem Zuckergehalt – wird im Weinbau in Grad Oechsle gemessen – und wenig Säure ist es möglich, allein aus dem süßen Saft ohne die Verwendung von Zuckerlösungen einen Traubenlikör zu bereiten. Anstelle der 100 ml Zuckerlösung wird dann der Saftanteil auf 700 ml erhöht.

Der fertige Likör hat einen Alkoholgehalt von ungefähr 20 Volumenprozent.

Auch Trauben muss man abbeeren – kleine Mengen in Handarbeit, große Mengen mit einer Traubenabbeer-Maschine.

Nach dem Quetschen und Enzymieren kann die Traubenmaische zur besseren Farbauslaugung vor dem Pressen bis 24 Stunden stehen.

Liköre aus Südfrüchten

Ananaslikör

Ananaslikör lässt sich sehr gut aus frischen, vollreifen Früchten herstellen, aber auch aus hochwertiger Ware in Dosen, wobei die Ananas ungesüßt im eigenen Saft eingelegt sein sollte.

Zutaten

- 600 ml Ananassaft (aus 1 kg Fruchtfleisch)
- 200 ml Neutralalkohol
- 150 ml Invertzuckersirup
- 50 g Trockenglukose

So wird's gemacht

Da Ananas kaum Pektin enthalten, kann eine Behandlung mit Pektinenzymen entfallen. Die Früchte werden also nur zerkleinert und direkt abgepresst. Im Gegensatz zu vielen anderen Likören setzt sich der Trub bei den Südfrüchten gerne an der Oberfläche ab. Kann man nicht von oben abziehen, ist es möglich, den Saft zu filtrieren. Oft ist die Klärung fast zu gut und man erhält einen glasklaren, leicht gelb gefärbten aromatischen Extrakt, der mit Alkohol, Invertzuckersirup und Trockenglukose einen fruchtig-feinen Likör ergibt. Zitronensäurezusatz ist normalerweise nicht notwendig.

Ananaslikör aus aromatischen, reifen Früchten ist eine fruchtige Köstlichkeit – pur, auf Eis oder für Mixgetränke.

Bananenlikör

Bananen enthalten Stärke. Diese muss während der Likörbereitung durch stärkespaltende Enzyme abgebaut werden. Diese „Amylasen“ führen zur Pressbarkeit des Bananenansatzes und erleichtern bzw. ermöglichen die Filtration.

Zutaten

- 700 ml Saftextrakt (aus 1 Liter Birnensaft und 6 voll ausgereiften, aromatischen, aber noch nicht braunen Bananen)
- 200 ml Neutralalkohol
- 100 ml Invertzuckersirup
- Amylase
- Pektinase

So wird's gemacht

Erhitzen Sie einen Liter Birnensaft auf 80 °C. Nun geben Sie 6 mittelgroße, kurz vor der Vollreife stehende Bananen in Stücken zu und zerkleinern Sie sie in der Hitze. Nach Zugabe von Amylase VF (VF = Verflüssigungsenzym) wird die Temperatur für 15 Minuten gehalten. Danach lässt man den Ansatz auf 40 °C abkühlen und fügt Pektinenzym (Dosierung 2 ml/l) zu. Den Ansatz langsam abkühlen lassen und nach einer Stunde über Nylonbeutel abpressen. Nach dem enzymatischen Aufschluss funktioniert das Pressen hervorragend, man erhält eine sehr gute und aromareiche Ausbeute. Zur besseren Klärung wird der Saft einige Stunden kühl gestellt, der klare Überstand abgezogen und filtriert. 700 ml Saft, 200 ml Neutralalkohol und 100 ml Invertzuckersirup mischen und mit etwas Zitronensäure abschmecken.

Bananen pressen – eigentlich unmöglich, doch der richtige Aufschluss ist ausschlaggebend.

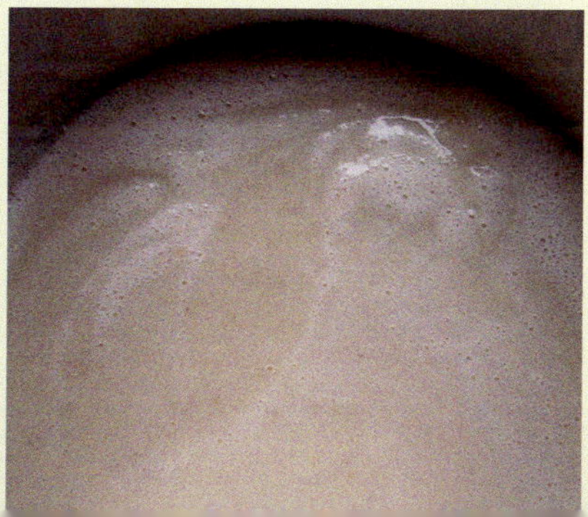

Pressrückstand und Extrakt von Banane-Birne. Fruchtkombinationen sind reizvolle Möglichkeiten für neue Rezepturen.

Orangenlikör

Zutaten

- 600 ml Orangenextrakt (aus 0,5 kg unbehandelten Orangen und 500 ml Orangen-Direktsaft)
- 200 ml Neutralalkohol
- 100 ml Invertzuckersirup
- 100 g Trockenglukose
- Pektinenzym

So wird's gemacht

Die Orangen werden gewaschen und geschält, sodass keine weißen Schalenreste – auch Pulpa genannt – mehr am Fruchtfleisch erkennbar sind. Die Schalen flach aufgelegt mit dem Messer zerlegen, um die anhaftende Pulpaschicht zu entfernen.

Man erhält aus einem Kilogramm Orangen ungefähr 125 g Schalen und fast 280 g Pulpa. Wird die Entfernung der Schalen und der Schalenreste (Pulpa) nicht sorgfältig gemacht, gelangen unangenehme Bitterstoffe ins Produkt.

Fruchtfleisch, Saft und Schalen ohne Pulpa aus 500 g Orangen mit 500 ml Direktsaft mit Pektinenzym (Dosierung 2 ml/l) auf 40 °C erwärmen. Nach einer Haltezeit von 15 Minuten stellt man den Ansatz für 24 Stunden kühl und dunkel. Am nächsten Tag wird abgepresst und 600 ml Saft mit 200 ml Neutralalkohol sowie 100 ml Invertzuckersirup und 100 g Trockenglukose vermischt. Der fertige Likör wird über einen groben Faltenfilter abfiltriert, da viel Trubstoff und Fruchtfleisch abzutrennen sind.

Der Alkoholgehalt des Likörs liegt bei etwa 17 Volumenprozent.

Sorgfältiges Schälen der Orangen ist wichtig, damit keine Bitterstoffe in den Likör gelangen.

Ist die Pulpa entfernt, kommen in der Schale die Zellen mit den für die Likörbereitung wichtigen Aromastoffen zum Vorschein.

Zitronen- oder Limettenlikör

Zutaten

- 400 ml Zitronenextrakt (aus 1 kg Bio-Zitronen oder -Limetten)
- 200 ml Neutralalkohol
- 400 ml Invertzuckersirup
- Pektinenzym

So wird's gemacht

Die Zitronen werden gewaschen und geschält, sodass keine weiße Pulpa – siehe Orangenlikör – mehr am Fruchtfleisch erkennbar ist. Anschließend werden die Schalen flach aufgelegt mit dem Messer zerlegt, um die anhaftende Pulpaschicht zu entfernen. Man erhält aus 500 g ungefähr 85 g Schalen und fast 130 g Pulpa. Wird die Pulpa nicht entfernt, kommen unangenehme Bitterstoffe ins Endprodukt.

Das Fruchtfleisch und die Schalen werden mit Pektinenzym (Dosierung 2 ml/l) auf 40 °C erwärmt und für 15 Minuten auf dieser Temperatur gehalten. Dann stellt man den Ansatz für 24 Stunden kühl und dunkel. Am nächsten Tag wird abgepresst und 400 ml Zitronenextrakt mit der gleichen Menge Invertzuckersirup und 200 ml Neutralalkohol vermischt. Der Zuckerbedarf ist aufgrund des hohen Säuregehaltes der Zitronen wesentlich größer als dies bei anderen Früchten der Fall ist. Der Ansatz wird über einen groben Faltenfilter abfiltriert, da viel Trubstoff und Fruchtfleisch abgetrennt werden muss, um den fertigen Likör zu erhalten.

Vor der Filtration sind die aufgeschlossenen Früchte oft wenig ansehnlich.

Liköre aus Wurzeln, Knollen, Nüssen

Wurzeln enthalten neben Pektin vor allem Reservekohlenhydrate in Form von Stärke oder Inulin. Wie im Kapitel Stärke beschrieben, müssen diese Kohlenhydrate vor der Verarbeitung zuerst aufgeschlossen werden. Hierzu sind zum Stärkeaufschluss sogenannte „Amylasen" (stärkespaltende Enzyme), zum Inulinaufschluss „Inulinasen" (inulinspaltende Enzyme) notwendig. Da mikrobielle Amylasen nur verkleisterte Stärke angreifen, muss das Ausgangsmaterial zur Verkleisterung der Stärke auf Temperaturen von mindestens 75 °C erhitzt werden. Inulinasen wirken bereits bei niedrigeren Temperaturen.

Ingwer bietet durch angenehme Schärfe und eine exotische Zitrusnote die Basis für einen interessanten Likör. Auch eine Kombination mit Apfel ist möglich.

Ingwer-Apfel-Likör

Ingwer ist ein interessanter Bestandteil von Likören. Durch seine besonderen Inhaltsstoffe in Form von Stärke, ätherischen Ölen und scharfen Geschmackskomponenten stellt Ingwer besondere Anforderungen sowohl an die Verarbeitung wie auch an den persönlichen Geschmack des Konsumenten. Ingwer wird in den Tropen angebaut und kommt bei uns als getrocknete und ungeschälte Wurzel – botanisch Rhizom – in den Handel. Vor der Verarbeitung müssen die braunen Schalen entfernt werden, dadurch kommen die zitronenartigen Geruchsstoffe besser zur Geltung.

Zutaten

- 600 ml Ingwerextrakt (aus 700 ml klarem Apfelsaft und 50 g Ingwer geschält)
- 250 ml Neutralalkohol oder Apfelbrand hochprozentig
- 100 ml Invertzuckersirup
- 50 g Trockenglukose
- Amylase
- Pektinase

So wird's gemacht

Schälen Sie den Ingwer und schneiden Sie die hellgelben, zitronenfrisch duftenden Knollenteile in dünnen Scheiben in den bereits auf 75 °C erwärmten Apfelsaft ein. Mit der Küchenmaschine oder dem „Zauberstab“ den Ingwer in der heißen Lösung zerkleinern und unter Zugabe einer Amylase (Dosierung 3 ml/l) 15 Minuten ruhen lassen. Danach auf 40 °C abkühlen und Pektinenzym (Dosierung 1–2 ml/l) zugeben. Nach weiteren 15 Minuten Haltezeit warm abpressen und abkühlen lassen. Den Extrakt über einen groben Faltenfilter klären und für rund einen Liter Likör 600 ml Apfel-Ingwer-Saft, 250 ml hochprozentigen Alkohol sowie 100 ml Invertzuckersirup und 50 g Trockenglukose gleichmäßig vermischen.

Karottenlikör

Zutaten für den Karottenextrakt

_ 500 g Karotten
_ 500 ml Karottensaft
_ Amylase
_ Pektinenzym

Zutaten für den Likör

_ 650 ml Karottenextrakt
_ 200 ml Neutralalkohol
_ 100 ml Invertzuckersirup
_ 50 g Trockenglukose

So wird's gemacht

Die gewaschenen Karotten werden mit dem Karottensaft in der Küchenmaschine zerkleinert. Danach unter Zugabe von Amylase (Dosierung 3 ml/l) auf 80 °C erhitzen und 15 Minuten bei der Temperatur halten. Abkühlen auf 40 °C und Zugabe von Pektinenzym (Dosierung 2 ml/l). Langsam weiter abkühlen lassen und danach abpressen. Den Saft 24 Stunden kühl und dunkel absetzen lassen. Danach über einen groben Faltenfilter klären und für rund einen Liter Likör 650 ml Saft mit Invertzuckersirup und den übrigen Zutaten mischen.

Karotten liefern Liköre, die bei Liebhabern sehr geschätzt sind.

Topinamburlikör

Topinambur gehört zu den Korbblütengewächsen und ist mit der Sonnenblume verwandt. Die Pflanzen werden bis zu 3 m hoch und bilden stark unregelmäßige Knollen mit einem hohen Gehalt an Inulin und intensiv erdigem Geschmack.

Zutaten für den Topinamburextrakt

- 550 g Topinamburknollen
- 500 ml Apfelsaft
- Inulinase
- Pektinase

Zutaten für den Likör

- 550 ml Topinamburextrakt
- 220 ml Topinamburdestillat
- 180 ml Invertzuckersirup
- 50 ml Trockenglukose

So wird's gemacht

Die gereinigten Knollen werden geschält und mit dem Apfelsaft, Inulinase (Dosierung 4 ml/l) und Pektinenzym (Dosierung 1–2 ml/l) zerkleinert und auf 30 °C erwärmt. Nach einer Stunde Haltezeit bei dieser Temperatur lässt man den Ansatz für 6 Stunden bei Zimmertemperatur extrahieren. Danach wird der Ansatz abgepresst und über einen groben Faltenfilter gereinigt. Für einen Liter Likör mischen Sie 550 ml Saft, 220 ml hochprozentiges Topinamburdestillat und 180 ml Invertzuckersirup und dicken die Mischung mit 50 g Trockenglukose ein.

Der Likör hat einen interessanten Geschmack, ist intensiv erdig und würzig.

Walnusslikör

Walnüsse besitzen traditionell eine wichtige Stellung in der Volksmytholgie. Für die Ernährung steht der hohe Fettgehalt mit bis zu 60 % im Vordergrund, der sich aber bei der Likörbereitung als äußerst störend erweist.

Die folgende Rezeptur ist ein klassischer Ansatzlikör.

Zutaten

- 800 ml Walnusskernextrakt (aus 250 g Walnusskernen, 25 g Zitronenschalen und 0,75 Litern hochprozentigem Apfel- oder Obstbrand)
- 200 ml Invertzuckersirup
- eine Prise Piment
- eine Prise Muskat

So wird's gemacht

Die Walnusskerne werden möglichst sauber aus der Nussschale entfernt, mit einem groben Pinsel abgebürstet und auf 250 g abgewogen. Mit je einer Prise Piment und Muskat sowie etwa 25 g Zitronenschalen setzt man die Kerne in 0,75 Liter hochprozentigem Neutralalkohol oder hochprozentigem Obstbrand eine Woche in einem verschlossenen Behälter an. Danach lässt man diesen Extrakt durch einen feinen Nylon- oder Papierfilter ablaufen. Den Filtrationsrückstand setzt man nochmals mit einem Liter Wasser an und wiederholt den Filtrationsvorgang nach einem Tag. Die beiden Filtrate werden zusammengeschüttet und einen Tag lang im Kühlschrank aufbewahrt. Wenn sich an der Oberfläche Fetttröpfchen abgescheiden, werden diese abgeschöpft. Die Flüssigkeit wird bei Zimmertemperatur mit der Invertzuckerlösung abgeschmeckt. Im fertigen Nusslikör sollen mindestens 200 ml Zucker sein – also für einen Liter Likör 800 ml Nussextrakt mit 200 ml Zuckerlösung versetzten. Wenn Ihnen der Alkoholgehalt zu hoch ist, können Sie mit Wasser verdünnen und auch bei der Zuckerlösung können Sie nach eigenem Geschmack mehr oder weniger stark süßen.

Eine geschmackliche Alternative in der dunklen Jahreszeit erhält man, wenn man die Nusskerne in einer Pfanne leicht **anröstet**. Man erhält dadurch feine Röstaromen, die durch die zusätzliche Zugabe einer Zimtstange oder einer Prise gemahlenen Zimtes beim Ansatz schon weihnachtliche Gefühle vermitteln.

Nüsse – aufgrund des hohen Fettanteils schwierige Rohstoffe für die Likörbereitung.

Die gerösteten Walnüsse setzt man mit Alkohol an.

Der fertige Walnusslikör hat eine schöne Farbe und ist schmackhaft, aber nicht sehr lange stabil, da sich fettartige Substanzen in der Flasche abscheiden.

Grüner-Walnuss-Likör

Grüne Walnüsse sind Lieferanten für Magenbitter und schmecken ebenso eingelegt in Sirup. In beiden Fällen sind Gewürze absolut notwendig zur Verfeinerung.

Zutaten

- 720 ml Grüner Walnussextrakt (aus 400 g Walnusstrester und einem Liter 60%igem Apfel- oder Obstbrand)
- 30 ml Weinbrand
- 50 ml Rum
- 200 ml Invertzuckersirup
- eine Zimtstange
- eine ausgeschabte Vanilleschote
- je eine Prise Nelken und Muskat
- 50 g Trockenglukose (nach Bedarf)

So wird's gemacht

Bei der Zubereitung von grünem Walnusslikör ist es wichtig, dass die grünen, noch weichen Walnüsse vor der Verarbeitung grob zerkleinert und ausgepresst werden, um Bitterstoffe zu entfernen. Hierzu können Sie eine einfache „Spätzlespresse" verwenden. Die Pressrückstände werden mit Zimt, einer ausgeschabten Vanilleschote sowie Muskat und Nelken in hochprozentigem Apfel- oder Obstbrand extrahiert. Der Alkohol muss die Pressrückstände völlig überdecken. Nach 2 Wochen ist die Auslaugung beendet und eine erneute Pressung mit nachfolgender Filtration über Faltenfilter ist notwendig. 720 ml Extrakt, 200 ml Invertzuckersirup, 30 ml Weinbrand und 50 ml Rum ergeben etwa 1 Liter fertigen Nusslikör, der noch mit 50 g Trockenglukose etwas verfestigt werden kann.

Eine grobe Zerkleinerung der grünen Walnüsse vor dem Pressen ist erforderlich.

Die ausgepresste, bittere Flüssigkeit wird verworfen.

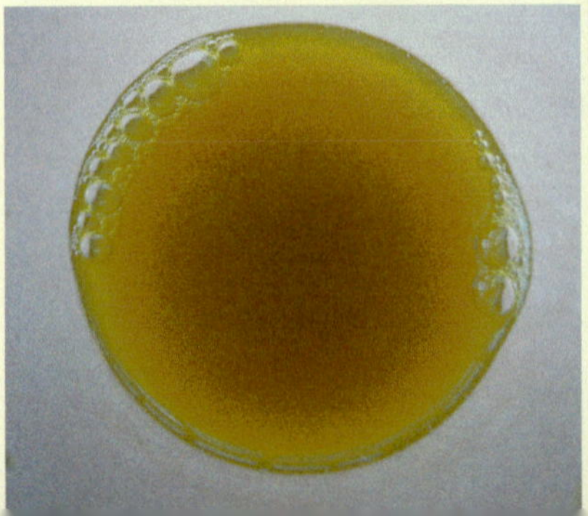

Kräuter- und Blütenliköre

Aufgrund ihrer wertvollen Inhaltsstoffe, die besonders gut in alkoholischen Lösungen extrahiert werden können, sind Kräuter traditionelle Rohstoffe für die Likörbereitung. Verfeinert mit Invertzuckerlösung entstehen aus den Kräuterextrakten feine, elegante Produkte mit wohltuender Wirkung auf Magen und Darm. Die Verarbeitung von Kräutern bzw. Blüten erfolgt entweder als Kräuter-/Blütenmischung oder in Form einzelner Kräuter und Blüten.

Frische Kräuter werden vor der Likörbereitung zerkleinert und getrocknet.

Kräuterlikör

Für einen **Kräuterlikör** hat sich folgendes Rezept bewährt. Als Basis dienen 8 Liter Obstbrand mit 60 Volumenprozent, entweder mit Aktivkohle neutralisiert oder doppelt gebrannt.

Zutaten

Die Drogen werden in folgender Reihenfolge zugegeben:

- 10 gestrichene Teelöffel **Beifuß**, besser Alpenbeifuß: Die Pflanze ist sehr aromatisch, leicht bitter und wurde aus diesem Grund seit jeher als Bitterkomponente in alkoholischen Getränken verwendet. Die enthaltenden Tannine und ätherischen Öle fördern die Verdauung und regen den Appetit an.
- 6 gestrichene Teelöffel **Angelikafrucht**: Die flachen Spaltfrüchte enthalten wertvolle ätherische Öle. Das Mazerat ist aber im Gegenteil zur Angelikawurzel weniger rau, herb und bitter. Die Angelikafrucht wirkt als anregendes und sekretionsförderndes Magentonikum.
- 4 gestrichene Teelöffel **Koriander**: Ein aus Vorderasien stammendes Gewürz mit ätherischen Ölen, Fetten und Gerbstoffen. Neben den appetitanregenden und verdauungsfördernden Eigenschaften wirkt Koriander zusätzlich krampflösend.
- 6 gestrichene Teelöffel **Ysop**: Eine wichtige Pflanze, die für das feine und liebliche Aroma eines Kräuterlikörs sorgt. Das Mazerat ist lieblich und erinnert an Ingwer und Rosmarin.
- 6 gestrichene Teelöffel **Melisse**: Bekannt aus dem Melissengeist, der bei nervösen Störungen eingesetzt wird, ist Melisse auch ein traditioneller Aromaträger in Kräuterlikören.
- 6 gestrichene Teelöffel **Salbei**: Sein angenehmer Geruch und Geschmack in Verbindung mit der wohltuenden Wirkung bei Atemwegserkrankungen sowie der Anregung der Darmfunktion machen Salbei zum idealen Bestandteil des alkoholischen Ansatzes.
- 6 gestrichene Teelöffel **Pomeranzenschalen**: Appetitanregend und magenstärkend mit orangeroter bis rotbrauner Farbe verfeinern Pomeranzenschalen durch ihren würzig-feinaromatisch fruchtigen Geruch und die harmonische Farbe den Kräuterlikör wesentlich.
- 8 gestrichene Teelöffel **Kamille**: Ein altes Hausmittel mit guter Wirkung bei Atembeschwerden, Rachenerkrankungen und Übelkeit dient hier zur Abrundung des Geschmacks und zur Harmonisierung der Bitterdrogen.

- 1 gestrichener Teelöffel **Kardamom**: Mit dem Ingwer verwandt, dient dieses Gewürz mit seinen einzigartigen Geschmackskomponenten, die von Eukalyptus und Veilchen, leicht brennend, aber auch erfrischend und kühlend, getragen werden, zur Feinaromatisierung des Likörs.
- 2 gestrichene Teelöffel **Moschusschafgarbe**: Bekannteste und häufige Pflanze zur Likörbereitung. Ihr bitterer, aber angenehm aromatischer Geschmack fördert die Sekretion der Magensäfte.
- 2 gestrichene Teelöffel **Minze**: Dient ebenfalls der geschmacklichen Abrundung. Zusätzlich nützt man die ätherischen Öle, Bitterstoffe und Harze, welche sich förderlich auf Verdauung und Gallensekretion auswirken.
- 1 **Muskatblüte**: Fleischiger, lederartiger Samenmantel in karminroter Farbgebung, mit ähnlichem Geschmack wie die Muskatnuss, jedoch wesentlich feiner und eleganter. Antiseptische Wirkung bei Magen-, Darm- und Blasenerkrankungen.
- Verfeinert wird mit **Anis** und **Kümmel** nach Belieben.

So wird's gemacht

Die Drogen werden 24 Stunden dunkel und kühl mazeriert, über einen Nylon- oder Papierfilter abgegossen und ausgepresst. Die Flüssigkeit kann nun nach Belieben gesüßt und gegebenenfalls mit Wasser verdünnt und eventuell im Alkoholgehalt gemindert werden – im Gegensatz zu Fruchtlikören können Kräuterliköre aber durchaus Alkoholgehalte von 35–40 Volumenprozent vertragen und trotzdem noch mild und harmonisch sein. Nach einem Tag wird nochmals über einen Falten- oder Schichtenfilter filtriert.

Blutwurzellikör

Blutwurzeln sind ideale Grundlagen für einen Ansatzlikör. Die Staude bildet ein Rhizom und besitzt gelbe, vierzählige Blüten. Das Rhizom färbt sich an frischen Bruch- oder Schnittstellen rasch blutrot – daher der Name – da die Gerbstoffe an der Luft in farbige Verbindungen umgewandelt werden. Zum Ansatz verwendet man das von den Wurzeln befreite, getrocknete Rhizom, wodurch die intensive rote Farbe und ein von Gerbstoffen geprägter Geschmack das Besondere dieses Likörs ausmachen. Blutwurzeln sind im Handel vorwiegend in getrockneter Form bereits gemahlen erhältlich. Beim Ansatz dürfen Sie nicht überdosieren, da die Gerbstoffe ansonsten ständig ausflocken und ein weißer Bodensatz im roten Likör optisch keinen schönen Eindruck hinterlässt.

Zutaten

- 1 Liter Kernobstdestillat 40- bis 50%ig
- 50 g getrocknete Blutwurzeln
- 100–200 ml Invertzuckersirup

So wird's gemacht

Die getrockneten Blutwurzeln werden 8 Tage im Kernobstdestillat mazeriert, danach wird über einen groben Faltenfilter abfiltriert. Die Süßung erfolgt mit 100–200 ml Invertzuckersirup je Liter Ansatz ganz nach Ihrem persönlichen Geschmack. Der Likör ist längere Zeit haltbar.

Ansätze mit Blutwurz erhalten schnell eine dunkelrote Farbe. Wird zu lange extrahiert, fallen Gerbstoffe als weißer Niederschlag aus.

Estragonlikör

Zutaten

- frischer Estragon
- 880 ml Estragonextrakt (aus 1 Liter 40%igem Apfelbrand und 2 Stängeln frischem Estragon)
- 120 ml Invertzuckersirup

So wird's gemacht

Frischer Estragon kann extrahiert werden. Estragon ist als Küchengewürz sehr populär und dient auch der Verfeinerung von Essig oder Senf. Estragon ist ein mehrjähriger, bis zu 1 m hoher Korbblütler, dessen Gehalt an ätherischen Ölen, Cumarin und Tannin magenstärkende und verdauungsfördernde Wirkungen hat. Im Gegensatz zur Blutwurzel werden hier die Blätter und unverholzten Stängel verwendet. Ein Ansatz aus **frischen Kräutern** ist hier – im Gegensatz zu den meisten anderen Drogen – empfehlenswert. Man bringt mehrere frische Estragonstängel in ein Ansatzgefäß mit 40%igem Apfelbrand. Der Ansatz ist auch optisch recht ansprechend, denn bereits nach einigen Tagen bekommt die Flüssigkeit eine leicht grünliche Färbung, sie nimmt den würzig-frischen Geruch und Geschmack des Estragons an. In Verbindung mit dem Apfelduft aus einem sauberen Destillat – ein Genuss als Digestif oder Aperitif. Ansatz über einen groben Faltenfilter von den Stängeln befreien. Wenn Sie 880 ml des Ansatzes mit 120 ml Invertzuckersirup süßen, dann erhalten Sie einen Liter Likör mit ungefähr 28 Volumenprozent Alkohol.

Löwenzahnlikör

Löwenzahn ist eine wichtige Bienenweide im Frühjahr. Die Blüten eignen sich neben der Likörbereitung zur Herstellung von Sirup und Gelee. Gerade beim Likör ist es wichtig, dass Sie die Blüten vor der Verwendung trocknen. Hierzu schneiden Sie die – am besten in den Morgenstunden geernteten – Blüten schon bei der Ernte in kleine Stücke und legen sie auf einem Drahtgaze an einen warmen, aber vor direkter Sonneneinstrahlung geschützten Ort zum Trocknen aus.

Zutaten

- 150 g getrocknete Löwenzahnblüten
- 1 Liter Apfelbrand 40%ig
- 2 ungespritzte Orangen
- 300 ml Invertzuckersirup

So wird's gemacht

Die getrockneten Löwenzahnblüten werden mit den Orangenschalen und dem Fruchtfleisch (Pulpa entfernen, siehe Seite 84) eine Woche kühl und dunkel in einem Liter Apfelbrand (40 Volumenprozent) mazeriert. Danach über einen Faltenfilter abgießen und 700 ml Filtrat mit 300 ml Invertzuckersirup süßen. Der leicht rötlich gefärbte Likör hat einen würzig-fruchtigen Geschmack und seine Inhaltsstoffe sollen besonders wohltuend für die Verdauungsorgane sein.

Auch Löwenzahnblüten werden vor der Likörherstellung getrocknet. Die gelben Blüten sind eine wichtige Bienenweide im Frühjahr.

Schokolade und Kaffee

Kakaolikör

Das Rezept ergibt 1000 g Kakaolikör mit einem Alkoholgehalt von etwa 16 Volumenprozent. Der genaue Wert ist wie bei allen Rezepten durch eine Probedestillation zu ermitteln.

Zutaten

- 100 g Kakao (möglichst stark entölt)
- 150 ml Neutralalkohol
- 30 ml Kirschwasser hochprozentig
- 200 ml Invertzuckersirup
- 150 g Trockenglukose
- 200 ml Milch
- 140 ml Sahne
- 30 ml Eigelb (ca. 2 Eigelb)

So wird's gemacht

Erwärmen Sie Milch und Sahne in einer Schüssel im Wasserbad auf ungefähr 40 °C. Darin lösen Sie den Kakao während der Erwärmung. Bitte achten Sie darauf, dass sich keine Klumpen bilden. Wenn möglich, verwenden Sie stark entölten Kakao. Nun erfolgt die Zugabe der Zuckerlösung und der Trockenglukose bei gleich bleibender Temperatur. Sobald alle Zutaten gleichmäßig durchmischt sind, können die Eidotter mit einem Schneebesen eingearbeitet werden. Nachdem sich die Lösung auf ungefähr 25 °C abgekühlt hat, gibt man den Alkohol langsam unter Rühren zu. Die gesamte Mischung wird nun mit

Schokoladenlikör – das größte Problem liegt im Festwerden des fertigen Produktes in der Flasche. Die Verwendung von entöltem Kakao schafft Abhilfe.

einem „Zauberstab“ mindestens 2 Minuten „homogenisiert“. Danach können Sie den Likör in Flaschen füllen.

Sie erhalten einen Likör ohne Auftrennung und ohne Klumpenbildung mit mildem Geschmack und schönem Glanz. Trotz der Sahne bleibt die Farbe schokoladenbraun und kräftig dunkel. Die Sahnezugabe führt zur Abrundung des Geschmackes und zur besonderen Harmonie des Likörs. Normalerweise treten keine Probleme in Bezug auf Viskosität und ein Festwerden des Produktes in der Flasche auf.

Kaffeelikör

Die Kaffeebohne ist botanisch gar keine Bohne, sondern der Steinkern einer kirschähnlichen Frucht, der erst durch Fermentation und Röstung sein Aroma entfaltet, das von Sorte und Verarbeitung abhängt. Dieses feine Kaffeearoma lässt sich auch in Likören sehr gut einfangen und ergibt einen edlen, duftenden Likör mit aromatischem Geschmack und belebender Wirkung. Aus jeder Kaffeesorte entsteht ein charakteristischer Likör.

Zutaten für den Ansatz

- 100 g frisch geröstete und grob gemahlene Kaffeebohnen
- eine Zimtstange
- das Mark einer Vanilleschote
- 900 ml Alkohol 50%ig (Neutralalkohol, feines Kirschwasser oder ein Gemisch von beidem)
- 100 ml Weinbrand 38%ig

Die Zutaten für den Kakaolikör werden vor der Abfüllung mindestens 2 Minuten mit einem Zauberstab vermischt, bis der Likör eine gleichmäßige Konsistenz aufweist.

So wird's gemacht – Schritt 1

Alle Zutaten mischen und 5 Tage kühl und dunkel extrahieren. Dabei jeden Tag einmal kurz umrühren. Den Ansatz nicht länger als 5 Tage stehen lassen, da ansonsten unangenehme Bitterstoffe ausgelaugt werden, welche die spätere Harmonie des Likörs stören. Danach über einen Faltenfilter filtrieren. Man erhält so den **Extrakt Nr. 1**.

Die Filtrationsreste einen weiteren Tag mit 300 ml Wasser ansetzen und nochmals abfiltrieren – dies ergibt **Extrakt Nr. 2**.

Zutaten für den Kaffeelikör

- 600 ml Extrakt Nr. 1
- 100 ml Extrakt Nr. 2
- 50 g Trockenglukose
- 250 ml Invertzuckersirup

So wird's gemacht – Schritt 2

Zur Fertigstellung des Likörs werden beide Extrakte mit Zuckerlösung und Trockenglukose kombiniert. Die Extraktion auf kaltem Wege gibt ein besonders feines Aroma im Vergleich zu Rezepten, bei denen das Aroma der zerkleinerten Kaffeebohnen mit heißem Wasser ausgelaugt wird.

Der Alkoholgehalt des Endproduktes wird um die 25 Volumenprozent liegen.

Kaffeelikör schmeckt je nach verwendeter Kaffeesorte unterschiedlich.

Eierlikör

Eierlikör

Der Eierlikör weist einige rechtliche und technologische Besonderheiten auf, die im Vorfeld geklärt werden müssen. Eierlikör ist eine Zubereitung aus Alkohol, hochwertigem Eigelb, Eiweiß, Zucker oder Honig. Der Eigelbanteil muss mindestens 140 g je Liter betragen. Der Mindestzuckergehalt beträgt 150 g je Liter bei einem Mindestalkoholgehalt von 14 Volumenprozent. Das neue EG Spirituosenrecht erlaubt künftig zur Herstellung von Eierlikör außer Ethylalkohol landwirtschaftlichen Ursprungs (Primasprit) auch Destillate und Brände.

Zutaten

- 20 Eigelb
- 250 ml Invertzuckersirup
- 220 ml Neutralalkohol
- Wasser nach Bedarf
- 2 ausgeschabte Vanilleschoten
- Eiweiß von einem Ei

So wird's gemacht

Schlagen Sie die Eier auf und trennen Sie das Eiweiß ab. Invertzuckersirup mit dem Eigelb vermengen und unter ständigem Rühren und Homogenisieren durch einen „Zauberstab" langsam den Alkohol zufügen. Danach Vanille, Eiweiß und Wasser bis zu einer Gesamtmenge von 1 Liter einarbeiten und die gesamte Mischung im Wasserbad auf exakt 50 °C erwärmen. Dies dient der Farbintensivierung und Konsistenzverbesserung. Während der Abkühlung zudecken, um eventuelle Alkoholverluste zu vermeiden. Vor der Flaschenabfüllung unbedingt nochmals intensiv rühren und homogenisieren, um eine Phasentrennung der Inhaltsstoffe zu vermeiden.

Tipp: Der Neutralalkohol kann bei der Herstellung einer Eierspirituose beispielsweise durch Apfelbrand ersetzt werden. Dann empfiehlt sich eine weitere Verfeinerung mit etwas Kirschwasser und Weinbrand.

Honiglikör

Bärenfang

Ein geschichtsträchtiger Likör aus Ostpreußen, der dort als Lockmittel bei der Bärenjagd verwendet wurde. Die angetrunkenen Bären schliefen tief und fest und waren eine leichte Beute für die Jäger. Schnell merkte man aber, dass dieses wohlschmeckende Lockmittel auch hervorragend für den menschlichen Genuss geeignet war und der Honiglikör war geboren. Im Honiglikör müssen mindestens 25 kg Honig je 100 Liter Fertigerzeugnis sein.

Schwierigkeiten bei der Herstellung ergeben sich durch die vielen Inhaltsstoffe des Honigs. Dextrine und Eiweiße führen zu starken Trübungen, wodurch eine längere Ruhe nach der Herstellung notwendig wird. Beliebte Honigsorten zur Likörherstellung sind Lindenblütenhonig und Waldhonig.

Zutaten

- 2,2 Liter Wasser
- 4,9 kg Honig
- 4,4 Liter Alkohol 96%ig
- Zitronensäure

So wird's gemacht

Das Wasser wird auf eine Temperatur von ungefähr 60 °C erhitzt und der Honig darin unter Rühren aufgelöst. Die gesamte Mischung bringt man kurz zum Kochen und schöpft den entstehenden Schaum ab. Nach der Abkühlung wird der Alkohol zugesetzt. Abgeschmeckt wird mit Zitronensäure. Durch die Erhitzung werden die Trubstoffe denaturiert und der fertige Likör kann über grobe Faltenfilter oder Schichten geklärt werden.

Anstelle von Neutralalkohol kann auch Apfelbrand oder Wein- bzw. Traubendestillat verwendet werden.
Der fertige Likör hat einen Alkoholgehalt um die 42 Volumenprozent.

Tipp: Wer die Möglichkeit hat, verwendet etwas Honigdestillat zur Verfeinerung des Geruchs; Duft und Geschmack werden dadurch um ein Vielfaches verbessert.

Likörklassiker

Neben der „zeitgemäßen Likörbereitung“ sind auch einige Klassiker unter den Likören zu erwähnen, von denen vor allem die seit langem überlieferten „Rataffias“ interessante Produkte ergeben (siehe Seite 10). Es hat sich bewährt, auch Fruchtansätze vor der Alkoholzugabe mit Pektinenzymen zu behandeln. Dies fördert Klärung, Aroma und Farbe.

Walderdbeer-Rataffia

Die Walderdbeere hat besonders wohlschmeckende Früchte mit einem im Vergleich zur Gartenerdbeere hohen Zuckeranteil von bis zu 8 %. Schon im Mittelalter beschreibt Hieronymus Bosch die Früchte als Sinnbilder der Verlockung. Ebenso verhält es sich mit dem hier geschilderten Likör, der aufgrund der mühsamen Ernte sicher nur in kleinen Mengen hergestellt werden wird.

Zutaten Likör

- 700 ml „Erdbeergrundbasis“ (ungefähr 28 Volumenprozent)
- 50 ml hochwertiger Weinbrand
- 250 ml Invertzuckersirup
- abschmecken mit Zitronensäure

Zutaten Erdbeergrundbasis

- 1,2 kg Walderdbeeren
- Pektinenzym
- 300 ml Neutralalkohol 96%ig

Bei klaren Likören bietet es sich an, zur optischen Aufwertung zusätzlich Früchte in die Flasche zu bringen.

So wird's gemacht

Nur völlig ausgereifte Beeren werden früh am Morgen gepflückt und sofort verarbeitet. Da die Erdbeeren keine Temperaturen über 40 °C vertragen, zerdrückt man die Früchte grob, erhitzt die so entstandene Maische auf maximal 35 °C und gibt Pektinenzym zu (Dosierung 2ml/l). Nach einer Haltezeit von 15 Minuten wird der noch warme Ansatz schnell abgepresst. Sofort muss nun Neutralalkohol zugegeben werden. Auf 700 ml Erdbeersaft gibt man 300 ml 96%igen Alkohol. Diesen Ansatz stellt man so schnell wie möglich kühl und lässt ihn 24 Stunden ruhen. Nun folgt die Filtration über einen groben Faltenfilter. Diese **Erdbeergrundbasis** ist im Vergleich zum fertigen Likör etwas besser haltbar, sie muss aber bis zur endgültigen Likörzubereitung kühl und dunkel gelagert werden. Zur Fertigstellung des Endproduktes mischen Sie 700 ml gespritteten Erdbeersaft „Erdbeergrundbasis" mit den übrigen Zutaten.

Schmecken sie den Likör mit Zitronensäure ab. Da der fertige Likör nur 2–3 Wochen haltbar ist und danach schnell braun und unansehnlich wird, kann nur eine schnell zum Konsum bestimmte Menge hergestellt werden. Duft und Geschmack des Likörs sind intensiv und die kleine Menge an Weinbrand verstärkt den Charakter des Produktes, sollte aber nie höher dosiert werden. Wie bei vielen Likören ist es auch hier so, dass die Ausgewogenheit des Endproduktes im Vordergrund steht und ein gutes Produkt durch ein harmonisches Zusammenspiel aller Zutaten besticht.

Die reine, klassische Rataffia-Rezeptur durch Ansetzen der Früchte wurde aufgrund deutlicher Arbeitserleichterung abgeändert.

Die eingelegten Früchte schmecken köstlich, verleiten aber durch das süße Aroma dazu, den recht hohen Alkoholgehalt zu verschleiern.

Aprikosen-Pflaumen-Rataffia

Zutaten für den Ansatz
- 250 g getrocknete Aprikosen
- 250 g entsteinte und getrocknete Pflaumen
- 10 g Mandeln (gestiftet)
- 20 g geriebene Zitronenschale
- 1 Liter Neutralalkohol 96%ig oder 1,25 Liter Zwetschenwasser 78%ig

So wird's gemacht
Zerkleinern und mischen Sie alle Zutaten, danach stellen Sie die Mischung 8 Tage kühl und dunkel. Anschließend in einem Handpressbeutel auspressen. Die Flüssigkeit kühl stellen, den Pressrückstand mit 0,75 Liter Wasser einen weiteren Tag ansetzen und danach abpressen. Beide Flüssigkeiten zusammenschütten und über einen groben Faltenfilter klären.

Zutaten für den Likör
- 500 ml Ansatzflüssigkeit
- 100 ml Kirschwasser 40%ig
- 30 ml Weinbrand 40%ig
- 150 ml Invertzuckersirup
- 50 g Trockenglukose
- 170 ml Wasser, in dem 5 g Zitronensäure gelöst werden

So wird's gemacht
Vermischen Sie alle Zutaten miteinander. Je nach Geschmack kann der Alkoholgehalt durch Variation der Wassermenge verändert werden. Im beschriebenen Beispiel liegt der Alkoholgehalt bei ungefähr 30 Volumenprozent. Der fertige Likör klärt sich gut, hat eine elegante, grün-gelbe Farbe und einen interessanten Geruch und Geschmack mit fruchtigen Dörraromen. Nach Belieben können Sie den Likör mit etwas Zimt und Vanille verfeinern.

Das Ansetzen von frischen Pflaumen bringt oft nicht das gewünschte Ergebnis – die daraus hergestellten Liköre sind flach und fehlfarben.

Quitten-Rataffia

Gerade aus den Schalen der Quitten kann man durch Ansetzen mit Alkohol wunderschöne Aromen und Gerbstoffe gewinnen. Für den **Quittenschalenansatz** werden 2,5 kg vollreife, aromatische Quitten geschält, die Schalen in der Küchenmaschine grob zerkleinert und in 1 Liter 60%igem Neutralalkohol oder feinem Obstbrand, eventuell auch Quittendestillat mazeriert. Nach 14 Tagen gießt man den Ansatz über einen groben Faltenfilter ab und stellt den Likör nach folgender Rezeptur zusammen. Das Rezept kann nach Belieben variiert werden.

Zutaten

- 600 ml Quittenschalenansatz
- 100 ml hochwertiger Rum 40%ig
- 50 ml Weinbrand 40%ig
- 200 ml Invertzuckersirup
- 50 g Trockenglukose

Nach der Fertigstellung muss eventuell der Geschmack mit Zitronensäure abgerundet werden. Rum und Weinbrand dienen der geschmacklichen Harmonisierung, verfälschen jedoch das natürliche Quittenaroma. Wer dieses Aroma reintönig haben möchte, ersetzt den Rum durch Quittenschalenansatz und gibt statt des Weinbrands Apfelsaft zu.

Goldgelbe, vollreife und aromatische Quitten – Grundlage der Quitten-Rataffia.

Mandarinenlikör

Natürlich dürfen in einem Likörbuch weiterere Klassiker nicht fehlen – die Fruchtschalen-Liköre. Man versteht darunter Liköre, bei denen die Aromen aus Schalen der Zitrusfrüchte bereitet werden. Hier ist es wichtig, die Schalenaromen in Form eines Extraktes zu erhalten, da sie gegenüber Hitze sehr empfindlich sind. Dies erlaubt auch der Likörherstellung im kleineren Maßstab, hochwertige Produkte zu erzeugen.

Mandarinen-Likör ist eine echte Besonderheit und besticht durch feingliedriges Aroma und seine schöne Farbe. Wichtig ist, dass nur ungespritzte und ungewachste Früchte verwendet werden.

Zutaten für den Ansatz

- 50 g abgeriebene Mandarinenschalen
- 25 g abgeriebene Orangenschalen
- 600 ml Neutralalkohol 60%ig

So wird's gemacht

Mischen Sie die Zutaten und extrahieren Sie sie 3 Tage. Danach über einen Faltenfilter filtrieren. Die Menge an Schalenbestandteilen kann nach Belieben vergrößert werden. Das Aroma intensiviert sich dadurch. Die maximale Dosierung liegt beim doppelten Wert der hier abgedruckten Angaben.

Zutaten für den Likör

- 600 ml Schalenextrakt
- 50 ml Rum 40%ig
- 50 ml Batavia-Arrak 40%ig
- 50 ml Orangensaft
- 250 ml Invertzuckersirup

So wird's gemacht

Alle Zutaten miteinander vermischen. Den fertigen Likör mit Zitronensäure abschmecken und über Faltenfilter reinigen.

Klassiker mit Frucht-Angärung

Schon der Aprikosen-Pflaumen-Rataffia zeigt, dass Kombinationen von Früchten durchaus hochwertige Liköre ergeben können. Ein weiterer Klassiker unter diesen Fruchtkombinationen ist der „Griott-Likör", ein mit Johannisbeersaft versetzter Kirschlikör.

Mit diesem Likörrezept beginnen einige Arbeitsanleitungen, bei denen durch eine leichte **Angärung der Früchte** die Pressbarkeit verbessert wird. In den vorangegangenen Rezepturen wurde dies durch den Pektinaufschluss, mittels Zugabe von Pektinenzymen, bewerkstelligt. Klassische Rezepturen arbeiten mit der Angärung, wodurch natürlich eine merkliche Veränderung des Aromas eintritt. Trotzdem lohnen sich die Rezepte vor allem für kleine Mengen und Spezialitäten. Die Vergärung sollte in kleinen Getränkefässern aus Kunststoff mit Gärverschluss erfolgen. In den Gärverschluss füllt man eine 2%ige Lösung aus schwefliger Säure, um Fehlgärungen durch das Eindringen von Bakterien zu vermeiden. Die im Handel erhältlichen Weinhefen eigenen sich gut zur Einleitung der Gärung. Es sind meist sogenannte Trockenreinzuchthefen, die vor dem Einsatz kurz in lauwarmem Wasser aufgelöst werden müssen. Danach gibt man sofort etwas Fruchtsaft zu und wartet, bis eine lebhafte Schaumbildung eintritt, dann ist die Hefe regeneriert. Nun ist die Hefe aktiv und kann zur Maische gegeben werden.

Getränkefässer mit Gärverschluss sind ideal zum Angären von Früchten und in vielen Größen zu erhalten.

Heidelbeer-Himbeer-Rataffia

Zutaten für den Ansatz

- 800 g Heidelbeeren
- 200 g Himbeeren
- 200 ml Neutralalkohol 60%ig

So wird's gemacht

Die Beeren werden grob gemahlen und drei Tage angegoren. Dann presst man ab und lässt den erhaltenen Beerensaft vollständig ausgären.

Die Pressrückstände setzt man mit 200 ml 60%igem Neutralalkohol an und presst nach 24 Stunden erneut ab. Der Extrakt aus den Rückständen ist stabil und kann gelagert werden. Nachdem der Beerensaft vollständig vergoren ist, erfolgt im Kühlschrank das Absetzen der Hefen. Der geklärte Saft wird über einen Faltenfilter gereinigt und weiter verarbeitet.

Zutaten für den Likör

- 500 ml vergorener Beerensaft
- 100 ml Extrakt aus den Pressrückständen
- 150 ml Neutralalkohol 96%ig
- 200 ml Invertzuckersirup
- 50 g Trockenglukose

So wird's gemacht

Vermischen Sie alle Zutaten miteinander. Durch die Vergärung sind die Früchte vollständig aufgeschlossen und Sie müssen mit keinen Problemen beim Mischen der Zutaten rechnen.

Tipp: Zur Verfeinerung kann mit etwas Himbeergeist und Vanille abgerundet werden. Man erhält einen dunkelroten Likör mit einem interessanten Spektrum vielerlei Aromen.

In einigen Betrieben geht man soweit, dass sogar die kleinen Kernchen der Himbeeren aufgrund ihrer bitteren Eigenschaften vor der Verarbeitung zu Destillaten und Likören abgetrennt werden.

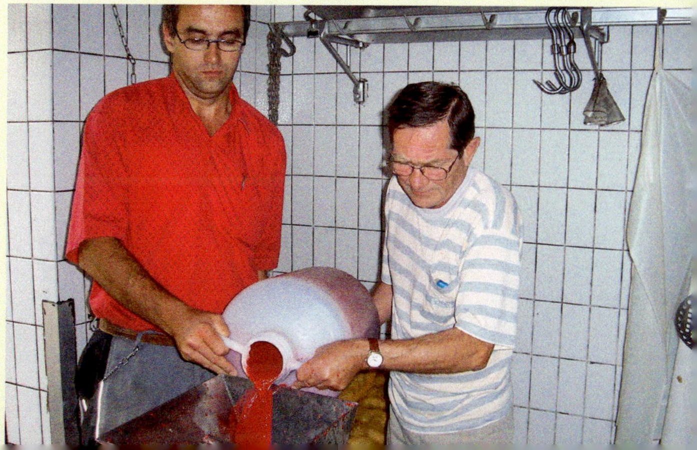

Kirsch-Johannisbeer-Rataffia

An diesem Likör ist das Zusammenspiel verschiedener Aromen interessant. Bei der Verwendung von säurearmen Süßkirschen erfolgt die Harmonisierung durch den hohen Säuregehalt der Johannisbeeren.

Zutaten für die Maische

- 800 g Süßkirschen (auch Sauerkirschen sind geeignet)
- 200 g Schwarze Johannisbeeren

So wird's gemacht

Die vorzugsweise süßen und dunkelfleischigen Kirschen werden gewaschen und entstielt. Danach mischt man sie mit den entrappten und gewaschenen Johannisbeeren. Die Fruchtmischung wird grob angequetscht und mit vorher regenerierter Trockenreinzuchthefe versetzt. Vergoren wird bei ungefähr 18 °C in einem geschlossenen Gefäß mit Gärverschluss. Sobald die Gärung eingesetzt hat – man sieht dies am sich bewegenden Gärverschluss – wartet man drei Tage ab und presst dann die Maische mit dem Handpressbeutel ab. Der Süßkirsch-Johannisbeersaft muss sofort weiterverarbeitet werden.

Zutaten für den Likör

- 550 ml Süßkirsch-Johannisbeersaft
- 200 ml Neutralalkohol 96%ig oder besser 250 ml Kirschwasser 78%ig
- 200 ml Invertzuckersirup
- 50 g Trockenglukose

So wird's gemacht

Da der Pektinaufschluss durch die Vergärung erfolgt ist und dieser Aufschluss in der kurzen Zeit nicht vollständig ablaufen kann, wird der Alkohol langsam unter Rühren zugegeben, um dadurch die Gefahr einer geringen Gelierung zu vermeiden. Aufgrund des hohen Säuregehaltes der Johannisbeeren verzichtet man auf eine Zugabe von Zitronensäure. Der nun erst halbfertige Likör benötigt einige Tage, um den Trub abzusetzen, danach erfolgt die Süßung mit Invertzuckersirup und Trockenglukose.

Kirschen und schwarze Johannisbeeren harmonieren ausgezeichnet. Die Säure und der Geschmack der Johannisbeeren wirkt sich erfrischend auf die wesentlich säureärmeren Kirschen aus und eine harmonische Mischung entsteht.

Tipps für Profis

Likörstabilisierung

Um Farbe und Qualität des Likörs zu schützen, ist Ascorbinsäure oder Vitamin C das Mittel der Wahl. Ascorbinsäure reagiert schnell mit Sauerstoff, wodurch Oxidationsreaktionen vermieden werden. Weiterhin dient sie zur Geschmacksstabilisierung. Geben Sie die Ascorbinsäure am Ende des Herstellungsprozesses vor der Abfüllung in Flaschen in einer Dosierung von 100 mg pro Liter zu.

Die Zugabe von Ascorbinsäure bewirkt natürlich keine Wunder. In einigen Fällen konnte aber beobachtet werden, dass die Oxidation im Vergleich zu Produkten ohne Zusatz 2 bis 3 Wochen später eintrat.

Presshilfen

Gerade bei der Produktion von Likören in größerem Maßstab fallen nicht zu unterschätzende Mengen an Trub an. Hier bietet es sich an, mit langfasrigen, voluminösen Zellulosen die Flüssigkeit aufzunehmen und in einem anschließenden Pressvorgang abzutrennen. Positiv ist hierbei die filtrierende Wirkung dieser Stoffe in Verbindung mit der Aufnahme von Feintrubstoffen.

Erdbeeren ergeben wegen ihres hohen Anteils an Trub- und Schleimstoffen oft eine größere Menge unverarbeitbare, fruchtfleischhaltige Flüssigkeit, die eventuell mit Presshilfen aufbearbeitet werden kann.

Liköre dieser Welt

Allasch (Russland): Kümmellikör mit hohem Alkoholgehalt, entstanden auf dem Rittergut Allasch in Lettland.
Angostura (Venezuela): Magenbitter, der jedoch ohne Angosturarinde hergestellt wird. Angostura ist Namensgeber für beide.
Amarula (Süd-Afrika): Der **Marula-Baum** (*Sclerocarya birrea*), auch **Elefantenbaum**, kommt hauptsächlich in den warmen, frostfreien Regionen Subäquatorial-Afrikas vor. Der weibliche Marula-Baum bringt bereits bei minimalen Regenfällen eine beachtliche Ernte mirabellengroßer, goldgelber Früchte hervor, die wild geerntet und zu Amarula-Likör (Sahnelikör) verarbeitet oder auch direkt als Obst verzehrt werden können.
Bärenfang: Honiglikör aus Ostpreußen. Honigliköre müssen mindestens 25 kg Bienenhonig auf 100 Liter Fertigerzeugnis enthalten
Benediktiner (F): Kräuterlikör nach der Rezeptur eines Benediktinermönches. Heute nach einer Abschrift des Originals hergestellt. Süßer, angenehmer Likör, der im deutschsprachigen Raum oft als „Klosterlikör“ kopiert wird.
Bols-Liköre (NL): Nach Lucas Bols, Apricot, Curacao.
Chartreuse (F): Kräuterlikör nach einem überlieferten Rezept von Kartäusermönchen, ursprünglich klar als reiner Destillatlikör, heute grün oder gelb mit bis zu 55 Volumenprozent.
Cherry-Brandy: Kirschlikör aus Kirschsaft, Kirschwasser, Zuckerkomponenten, Sprit und Wasser.
Cordial Medoc (F): Aus Frucht- und/oder Drogenauszügen mit mindestens 20 % Alkoholanteil aus Wein oder Branntwein.
Creme de Casis (F): Bereits seit dem 16. Jahrhundert bekannter Likör aus Johannisbeerdestillat, vergorenem Saft, Johannisbeerblättern und Zucker. Cassiscreme muss einen Mindestzuckergehalt von 400 g/l besitzen.
Curacao: Likör aus dem Destillat von Pomeranzenschalen.
Danziger Goldwasser (D): Seit dem Mittelalter bekannte Urform des Likörs mit alchemistisch begründeter Goldzugabe. Hergestellt aus Getreidealkohol und einer Komposition verschiedener Kräuter und Gewürze.
Edelkirsch (D): Kirschlikör aus dunkelfleischigen, aromatischen Kirschen, meist süß und dickflüssig.
Grand Marnier (F): Extrakt aus Cognac und Curacao-Orangen.

Jagertee (A): Ausschließlich für österreichische Liköre vorbehaltene Bezeichnung für eine Mischung von Essenzen, Alkohol (mindestens 22,5 Volumenprozenz) und Zucker (mindestens 100 g/l).
Jarcebinka (Tschechien): Vogelbeerlikör.
Kirsch mit Rum: Kirschlikör mit von der Dosierung her nicht vorgeschriebenem Rumanteil (muss aber organoleptisch wahrnehmbar sein)
Kristall-Likör: Liköre mit darin enthaltenen Zuckerkristallen.
Kroatzbeere: Brombeerlikör schlesischer Herkunft.
Maraschino (I): Kirschlikör aus der Maraskakirsche. Mindestens 24 % Alkohol und 250 g/l Zuckergehalt.
Marillenlikör (A): Aprikosenlikör.
Nocino: Likör mit dem Aroma der Walnusskerne. Mindestens 30 Volumenprozent Alkohol und 100 g/l Zuckeranteil.
Persico (I): Likör aus Pfisichkernen.
Sahnelikör: Sahneanteil mindestens 15 %.
Schlehenfeuer (D): Schlehenlikör mit Rum.
Stonsdorfer (D): Bitterlikör aus dem Riesengebirge auf der Basis von Heidelbeeren und Wurzelextrakten.
Verpoorten Advokaat (D): Eierlikör mit holländischem Namen und deutscher Herkunft. Mindesteigelbgehalt 140 g/l, 150 g/l Zuckergehalt und mindestens 14 % Alkoholgehalt (nur Neutralalkohol).
Vanillelikör: Nur aus Vanilleschoten ohne Zusatz von Vanillin hergestellter Likör.
Whiskylikör (GB): Erster seiner Art war der „Drambuie“ aus Malzwhisky, Heidehonig und Kräutern. Heute in vielerlei Form erhältlich.

Service

Zum Weiterlesen

Daiber, C.; Hailer, M.: Liköre, 2. Auflage. Verlag Eugen Ulmer, Stuttgart 2011.

George, H.: Likörbereitung, 11. Auflage. Verlag Eugen Ulmer, Stuttgart 2008.

Hagmann, K.; Essich, B.: Obst brennen. Verlag Eugen Ulmer, Stuttgart 2006.

Thönges, H.: Fruchtsäfte, Weine, Essig und Liköre, Verlag Eugen Ulmer, Stuttgart 2002.

Hinweis: Der Verlag ist nicht verantwortlich für den Inhalt von Links.

Bezugsquellen

Kellereiartikel für den Hobby- und Profibereich

Karl Bockmeyer Kellereitechnik GmbH
Zementwerk 3
D-72622 Nürtingen
Tel. 07022-93343-0, Fax 07022-31123
E-Mail: info@bockmeyer.de
www.bockmeyer.de
(Trockenglukose, Glukosesirup, Pektinenzyme)

Albert Pfäffle GmbH
Karl-Wüst-Str. 5
74076 Heilbronn
Tel. 07131-59488-0, Fax 07131-5948810
E-Mail: info@pfaeffle-heilbronn.de
www.pfaeffle-heilbronn.de

ReKru GmbH Brennerei-,
Kellerei- und Mostereibedarf
Betznauer Str. 28
D-88079 Kressbronn
Tel. 07543-7744 oder 42, Fax 07543-5135
E-Mail: team@rekru.de
www.rekru.de

G. Wein GmbH & Co
Kellerei- und Brennereibedarf
Meimsheimer Straße 10
D-74357 Bönnigheim
Tel. 07143-88560, Fax 07143-25249
E-Mail: info@gwein.de
www.gwein.de

Hans Kronenberg, Landmaschinen
Menznauerstrasse-Daiwil
CH-6130 Willisau
Tel. 041-9702133, Fax 041-9704233
E-Mail: h.kronenberg@bluewin.ch
www.h-kronenberg.ch

Kleine Pasteurisieranlagen für das Abfüllen in Flaschen
Mabo Steuerungselemente GmbH
Lohmühlstr. 1
D-75031 Eppingen
Tel. 07262-60960, Fax 07262-609629
E-Mail: info@mabo-se.de
www.mabo-se.de

Obst- und Beerenpressen, Likörgrundstoffe, Glukosesirup, Aromen, Pektinenzympräparate, Weingeist, Behälter und Geräte
Vierka-Friedrich Sauer GmbH & Co
Postfach 1328
D-97628 Bad Königshofen
Tel. 09761-91880, Fax 09761-918844
E-Mail: mail@vierka.de
www.vierka.de

Zubehör für die Obstverarbeitung einschließlich Pack- und Korbpressen für den Hobbybereich
Pasta-Noris
Elsa-Brändström-Str. 68
D-90431 Nürnberg
Tel. 0911-651458, Fax 0911-616596
E-Mail: info@pastanoris.de
www.pastanoris.de

Getränketechnologie
C. Schliessmann
Kellerei-Chemie GmbH & Co. KG
Auwiesenstraße 5
D-74523 Schwäbisch Hall
Tel. 0791-97191-0, Fax 0791-97191-25
E-Mail: service@c-schliessmann.de
www.c–schliessmann.de

Baldinger-Plus, Max Baldinger AG
Bruggacherstrasse 8
CH-8117 Fällanden
Tel. 044 806 80 80, Fax 044 806 80 85
E-Mail: info@baldinger.biz
www.baldinger.biz

Alkohol, Primasprit, Weingeist
Brüggemann Chemical
L. Brüggemann KG
Salzstraße 131
D-74076 Heilbronn
Tel. 07131-15750, Fax 07131-157525-111
E-Mail: service@brueggemann.com
www.brueggemann.com

Spezialversand für Bier-, Likör-, Weinbereitung
Paul Arauner GmbH+Co. KG
Wörthstrasse 34-36
D-97318 Kitzingen-Main
Tel. 09321-13500, Fax 09321-135041
E-Mail: verkaufhefe@arauner.com
(Abteilung für Kellereiartikel, Reinzuchthefe, Pressen, Mühlen)
E-Mail: weinlabor@arauner.com
(Abteilung für Labor-Dienstleistungen)
E-Mail: info@arauner.com
(für allgemeine Anfragen)
www.arauner.com

Mini-Destiller, Zubehör, Messgeräte, Maischebereitung, Likörkräuter
holzeis Kellereibedarf GmbH
Aussermanzing 28
A-303 Altlengbach
Tel. 02774-20470, Fax 01982-8208
E-Mail: info@holzeis.com
www.holzeis.com

Destillationsanlagen und Apparate
Kothe Destillationstechnik
Beltstraße 3
D-73054 Eislingen
Tel. 07161-817275, Fax 07161-817261
E-Mail: info@kothe-dt.de
www.kothe-dt.de

CARL GmbH
Poststr. 109
73054 Eislingen
Tel. 07161-97830, Fax 07161-978321
E-Mail: info@carl.info
www.carl.info

Flaschen und Verschlüsse
Hartmut Bauer
Großhandel für Flaschen,
Gläser und Konservendosen e.k.
Bauhofring 25
D-71732 Tamm
Tel. 07141-643690
Fax 07141-6436929
E-Mail: info@flaschenbauer.de
www.flaschenbauer.de

Links zu Behörden, Landesverbänden; Infos, Schnapslexikon...
Verband der Deutschen Klein- und Obstbrenner e. V.
Hardtstraße 37
76185 Karlsruhe
Tel. 0721-95551-0, Fax 0721-550688
E-Mail: kleinbrennerverband@t-online.de
www.obstbrenner.de

DLG-Test Spirituosen
DLG e.V. (Deutsche Landwirtschafts-Gesellschaft e.V.)
Eschborner Landstraße 122
D-60489 Frankfurt
Tel. 069-247880, Fax 069-24788110
E-Mail: info@DLG.org
www.dlg.org

Fachzeitschrift
www.kleinbrennerei.de
brigitte.gassner@t-online.de

Sonstiges
destillata (Vereinigung zur Präsentation und Prämierung bester Spirituosen)
Schauflergasse 6
A-1014 Wien
Tel. 01 53 44 18 552, Fax 01 53 44 18 549
E-Mail: info@destillata.at
www.destillata.at

Dr. Klaus Hagmann
Dornierstr. 8
D-73033 Göppingen
Tel. 07161-250503
mobil: 0173-3430691
E-Mail: dr.hagmann@t-online.de
www.dr-hagmann.com
– Likörseminare und Sensorik
– Betriebsberatung
– Rezepturen und Tipps

Register

Aktivkohle 25
Alkohol 22ff.
Alkoholberechnung 42
Alkoholbestimmung 41f.
Alkoholgehalt 19, 41
Alkoholmessgeräte 42
Alkoholometer 43
Ananaslikör 82
Angären 111
Anis 36
Antigeliermittel 33f.
Amarulalikör 9
Amylase 34, 83, 86
Apfelbeere (Aronia) 62
Apfelbeerlikör 62f.
Apfellikör, Herstellung 52f.
Apfellikör, Sensorik 48
Apfellikör aus Streuobst 56f.
Aprikosenlikör 70ff.
Aprikosen-Pflaumen-Rataffia 109
Aromaneutralisierung 26
Aromastoffe 46
Ascorbinsäure 39
Aquavit 9

Bärenfang 105
Bananenlikör 83
Beerenliköre 82ff.
Beerenmühle 15
Benediktiner 6
Birnenlikör, Herstellung 54ff.
Birnenlikör aus Streuobst 56f.
Bittermandelnote 72
Blutwurzellikör 97f.
Brand 10
Bühler Zwetschge 72
Butanol 26

Charteuse 6
Cordial Médoc 8
Crème de Cassis 9

Dampfentsaften 14, 77
Destillation 26ff.
Destilliergerät 10
Digestion 10
Drogen 6, 9

Eierlikör 8, 103f.
Emulsionslikör 8
Enzympräparate 33
Erdbeerlikör 62ff.
Estragonlikör 98
Etikett 41

Faltenfilter 12
Farbe 43f.
Farbstabilität 39
Felsenbirne 31
Filtration 18
Fruchtlikör 7
Fruchtsaftkonzentrat 31
Fruchtsaftlikör 51
Fruchtzucker 19, 34

Gärverschluss 111
Geist 10
Gelatine 56f.
Geruch 45
Geschmack 46f.
Geschmacksabrundung 38
Getränkefass 111
Gewürze 36f.
Gewürzlikör 8
Glasballon 14
Glukosesirup 20f.

Hagebuttenlikör 74ff.
Haltbarkeit 39ff.
Hefe 111
Heidelbeerlikör 62ff.
Heidelbeer-Himbeer-Rataffia 113
Honig 21f., 105
Moniglikör 8, 22, 105
Holunder 14
Holunderblütensirup 77
Holunderlikör 76f.
Hydropresse 16, 65

Inhaltsstoffe Früchte 31f.
Ingwerlikör 87
Inulin 34, 86f.
Inulinase 86, 89
Invertzuckersirup 19f.

Johannisbeerlikör, Herstellung 9, 62ff., 67
Johannisbeerlikör, Sensorik 48
Jostalikör 62ff.

Kaffeelikör 8, 101f.
Kahmhefe 25
Kakaolikör 8, 100f.

Karottenlikör 88
Kationenaustauscher 35
Kennzeichnung 41
Kernobstliköre 51ff.
Kieselsol 56f.
Kir Royal 9
Kirschlikör, Herstellung 68ff.
Kirschlikör, Sensorik 47
Kirsch-Johannisbeer-Rataffia 114f.
Klarheit 44f.
Knollen 86
Kochkessel 15
Konsistenz 44f.
Kornelkirschenlikör 63
Kräuter 36f.
Kräuterlikör 6, 95f.
Kümmel 36

Limettenlikör 85
Losnummer 41
Löwenzahnlikör 99

Mandarinenlikör 111
Marillen 41
Marillenlikör 70ff.
Maulbeerlikör 63ff.
Mazeration 10, 36
Melasse 20
Mindesthaltbarkeit 41
Mirabellenlikör 70ff.
Mischbehälter 18
Mispellikör 78f.
Moccalikör 8
Muser 15

Neutralalkohol 24,
Nüsse 86
Nusslikör 8, 90ff.
Nylon-Handpressbeutel 12

Obst- und Beerenmühle 64
Orangenlikör 84
Oxidation 38ff.

Pektin 32
Pektingehalt 32
Pektinenzyme 33f.
Perkolation 10
Pfirsichlikör, Herstellung 70ff.
Pfirsichlikör, Sensorik 48
Pflaumenlikör 70ff.
Poly-Fix-Filter 12
Probedestillation 12, 42
Presse 18
Primasprit 24
Propanol 26

Quittenlikör, Herstellung 60f.
Quittenlikör, Sensorik 49
Quitten-Rataffia 110
Quetschwalzen 15, 64

Rataffia 10
Rhabarberlikör 62ff.
Rosenlikör 74ff.
Rühr- und Schneidgerät 16, 64, 68

Saccharose 19
Sahnelikör 8
Samen 36f.
Sauerkirschlikör, Herstellung 68ff.
Sauerkirschlikör, Sensorik 47
Sambunigrin 76
Sanddornlikör 63ff.
Schichtenfilter 18
Schlehenlikör, Herstellung 62ff.
Schlehenlikör, Sensorik 48
Schönung 56f.
Sensorische Beurteilung 43f.
Sherryton 46
Sortenalkohol 24f.
Stärke 21, 34f., 86f.
Südfrüchte 83ff.

Teelikör 8
Topinamburlikör 89
Traubenabbeermaschine 15
Traubenlikör 80f.
Traubenzucker 19
Trockenglukose 20f.
Trub 58

Verkehrsbezeichnung 41
Vitamin C 39
Vogelbeerlikör 62ff.

Walderdbeer-Rataffia 106ff.
Walnusslikör 90f.
Walnusslikör grün 92f.
Wasser 35
Wasseraufbereitung 35f.
Weinbrandlikör 8
Weinpunsch 8
Wildfruchtliköre 62ff.
Williams-Birnenlikör, Sensorik 49
Wurzeln 86

Zitronenlikör 85
Zitronensäure 38
Zucker 19f.
Zuckersirup 19f.
Zucker-Säure-Verhältnis 38, 46
Zwetschenlikör 70ff.

Bildquellen

Titelfoto u. S. 45: Heike Schmidt-Röger.
Alle weiteren Fotos stammen von Dr. Klaus Hagmann.

Bibliografische Information der Deutschen Nationalbibliothek
Die Deutsche Nationalbibliothek verzeichnet diese Publikation in der Deutschen Nationalbibliografie; detaillierte bibliografische Daten sind im Internet über http://dnb.d-nb.de abrufbar.

Wollgrasweg 41, 70599 Stuttgart (Hohenheim)
E-Mail: info@ulmer.de
Internet: www.ulmer.de
Umschlagentwurf: red.sign, Anette Vogt, Stuttgart
Lektorat: Inge Henke-Messerschmitt, Antje Munk
Herstellung: Silke Reuter
Druck und Bindung: aprinta Druck, Firmengruppe APPL, Wemding
Printed in Germany

ISBN 978-3-8001-7884-1

Haftung

Die in diesem Buch enthaltenen Empfehlungen und Angaben sind vom Autor mit größter Sorgfalt zusammengestellt und geprüft worden. Eine Garantie für die Richtigkeit der Angaben kann aber nicht gegeben werden. Der Autor und der Verlag übernehmen keinerlei Haftung für Schäden und Unfälle.